COCINA en CASA con JORDI CRUZ

Más de 100 recetas de nuestras madres y alguna sorpresa más

Grijalbo

Papel certificado por el Forest Stewardship Council®

MIXTO
Papel | Apoyando la silvicultura responsable
FSC® C117695

Penguin Random House Grupo Editorial

Primera edición: noviembre de 2023

Printed in Spain – Impreso en España

ISBN: 978-84-18055-72-0
Depósito legal: B-15.744-2023

Compuesto en Fotocomposición gama, sl
Impreso en Índice, S.L.
Barcelona

DO 5 5 7 2 0

A mi madre

ÍNDICE

COCINA
COCINA
COCINA
COCINA

en CASA
en CASA
en CASA
en CASA

JORDI CRUZ
JORDI CRUZ
JORDI CRUZ
JORDI CRUZ

JORDI CRUZ
JORDI CRUZ
JORDI CRUZ
JORDI CRUZ

COCINA
COCINA
COCINA
COCINA

en CASA
en CASA
en CASA
en CASA

INTRODUCCIÓN

LA BUENA COCINA

Todos conservamos recuerdos valiosos en nuestra memoria que dan sentido a muchas cosas, que nos hacen recordar quiénes somos, de dónde venimos, qué no queremos repetir, qué nos hace sonreír y quiénes son aquellos que de verdad importan.

Recuerdo mi infancia con cariño, muchas pequeñas cosas, buenas y malas, que me hacían aprender. Mis recuerdos están llenos de comidas en familia, domingos de reunión, sonrisas compartidas y armarios de cocina. Digo lo de los armarios porque en las épocas de veraneo, cuando toda la familia estaba de vacaciones y nuestra casa quedaba vacía un par de meses, mi madre a veces me llevaba a casa y me dejaba un rato campando a mis anchas. En esos momentos, cuando se iba al trabajo, yo me metía en la cocina y rebuscaba en los armarios cualquier cosa comestible con la que jugar. Daba igual unos puñados de arroz, una cabeza de ajo que unas latas de conserva. Apañaba algo sin conocimiento, pero con mucha imaginación, y me hacía sentir como un intrépido aventurero superviviente.

Fue entonces cuando descubrí mi amor por la cocina, y a partir de ese momento mis apariciones entre fogones eran, ante todo, para descubrir cómo mi abuela preparaba sin despeinarse un buen guiso o cómo mi madre cocinaba esas recetas que lograban reunir a nuestra familia y fijaban en nuestra alma sabores y sensaciones que no podríamos borrar de la memoria de por vida.

Fue así como encontré mi camino y la confianza suficiente para creer que sí podría hacer algo singular con mi vida; tenía la vocación, mis referentes y la energía, una fuerza nacida de la necesidad de demostrar a los míos que, efectivamente, no era un desastre y podía hacer algo más que consumir recursos naturales y hacer trastadas.

Con esas premisas empecé mi camino como cocinero, para gatear, andar y quizá con los años lograr hacer piruetas. Ahora, tres décadas han pasado desde esos armarios casi desprovistos de provisiones. Las piruetas para mí son cada día menos necesarias y se me hace imprescindible analizar el camino, descartar lo innecesario y quedarme solo con las cosas realmente deliciosas e importantes.

De todos es sabido que el ser humano gusta de poner etiquetas a cualquier cosa.

En mil ocasiones me han preguntado cuál es mi cocina, el estilo, aquello que la define y, si os soy sincero, para resumir, siempre digo lo mismo: solo distingo dos tipos de cocina. La mala y la buena.

La buena es aquella que nace de lo aprendido, de la memoria, la que tiene como ingredientes principales el amor y el cariño, una cocina que nos defina, sin fisuras, sin defectos, sin artificios, solo verdad y sonrisas.

Este libro está dedicado a todas las personas que nos han dado lo necesario para crecer, a las personas que nos han otorgado una identidad en forma de sabores y recuerdos en familia. Entre estas páginas podrás encontrar una cocina que, sin ser la mía, ha hecho que me reencuentre con aquel joven niño que abría armarios con toda la curiosidad del mundo, recetas que han sido importantes para mí y los míos, con toques de todo lo aprendido hasta la fecha, también recetas de amigos a los que respeto y que comparten, como un servidor, la devoción por los recuerdos y la memoria gustativa.

Este libro va dedicado a las dos madres que he tenido en mi vida, Roser y Enriqueta, mi mamá y mi abuela, mujeres que lucharon por surtir de sabor a toda la familia, por darnos lo necesario para conseguir nuestros sueños y que nos cocinaron recuerdos con los que poder echar la vista atrás de vez en cuando y llorar o sonreír según la necesidad del momento. De vosotras aprendí que es cierto, que pasan cosas buenas y malas, y que todas nos hacen aprender, crecer y construir, con tesón y tiempo, un criterio más que necesario para poder discernir cuál es la mala cocina y cuál la buena en nuestras vidas.

COCINA en CASA con JORDI CRUZ

VEGETALES
VEGETALES
VEGETALES
VEGETALES
VEGETALES
VEGETALES
VEGETALES
VEGETALES
VEGETALES
VEGETALES
VEGETALES

MENESTRA DE TEMPORADA TRADICIONAL CON SALTEADO DE JAMÓN IBÉRICO

HORTALIZAS QUE SE DAN DURANTE TODO EL AÑO

2 pencas de acelga
1 puerro
2 zanahorias
2 patatas

Nota: Las cantidades de estas verduras y las cocciones –ya sean al vapor, solo salteadas, hervidas o con combinación de métodos de cocción– dependerán de cada verdura o de la suma de las verduras que finalmente utilicemos.

Si combinamos métodos de cocción como escaldar y luego saltear, es muy importante refrescar las verduras con agua helada después de hacer lo primero para mantener su color.

OTRAS HORTALIZAS DE TEMPORADA

coliflor
pencas de cardo
alcachofas
pencas de borraja
coles
guisantes
brócoli
habas
calabacín
judías verdes
espárragos blancos

OTROS INGREDIENTES

25 ml de aceite de oliva virgen extra
1 cucharada sopera de sal
1 cucharada sopera de agua
4 dientes de ajo
1 cucharada sopera de hojas de perejil
1 cebolla tierna mediana o 3 o 4 cebollas francesas (escaloñas)
15 g de harina de trigo
zumo de limón
1 cucharada sopera de harina

PARA EL SALTEADO DE JAMÓN

50 g de jamón ibérico
100 ml de aceite de oliva virgen extra

Limpiamos cuidadosamente todas las verduras y las reservamos por separado, atendiendo a las cualidades de cada una para evitar que se oxiden con el corte. Así, limpiamos las alcachofas, el cardo y la borraja y las disponemos en agua con harina y un poco de zumo de limón. El resto de las verduras no requieren gran tratamiento, salvo que siempre conviene limpiarlas justo antes de cocerlas; de esta forma, la pérdida de sus cualidades nutritivas será menor.

Cortamos el jamón en trozos pequeños y los sofreímos.

El tipo de corte para cada verdura varía: las patatas a nosotros nos gustan de forma irregular, la zanahoria en rodajas, el puerro en rodajas de 2 centímetros de grosor, y así sucesivamente; eso sí, intentamos que todos tengan más o menos el mismo tamaño y sean trozos fáciles de llevarse a la boca.

El truco de una buena menestra reside en la cocción por separado de todos sus ingredientes,

con agua abundante, aceite y sal (en el caso de los espárragos blancos, además, con un poco de azúcar para corregir su acidez). El punto de cocción también varía: en La Rioja gustan más las menestras bien cocidas, aunque esto supone una mayor pérdida de color y sabor. Esta tendencia está cambiando y cada vez las verduras se cuecen un poco menos, pero lo normal en este tipo de preparaciones más clásicas son verduras más cocidas que crocantes.

Cuando todo está cocido preparamos una cazuela con aceite, dos ajos y la cebolla cortados en mirepoix. Añadimos un majado con el resto de los ajos y el perejil, diluido con un poco de agua, harina y algo del caldo de haber cocido la verdura (nunca el de las alcachofas) si es necesario. Removemos para que forme una salsita espesa e incorporamos poco a poco las verduras variadas, intercalando las alcachofas escurridas. Lo removemos todo un poco (no debemos utilizar nunca cucharas de metal) y que hierva bien tapado. Tiene que hervir muy poco, solo para homogenizar el conjunto.

ACABADO

Servimos la menestra caliente e incorporamos el salteado justo en el momento del pase. Este salteado es clásico en las menestras de nuestro país; evidentemente podemos prescindir de él si nuestros comensales así lo desean.

CREMA DE ALCACHOFAS CON LANGOSTINOS Y TRUFAS

PARA LA CREMA DE ALCACHOFAS

6 alcachofas grandes de Bretaña (de 150 a 250 g/unidad) o 12 alcachofas del Prat
caldo de verduras
60-80 ml de aceite de oliva arbequina para el sofrito
1 dl de aceite de arbequina para texturizar la crema
4 cebolletas medianas
sal
pimienta blanca

Pulimos las alcachofas, dejando los fondos muy limpios. Reservamos y vamos introduciéndolas en agua helada con hojas de perejil para que no se oxiden en la olla. Cuando tengamos el caldo de verduras preparado, lo colamos y lo introducimos en otra olla, donde hemos pochado las cebolletas picadas con un poco de aceite hasta estar hechas y ligeramente doradas. Mojamos con el caldo y, cuando empiece a hervir, bajamos la intensidad y cocemos a suaves borbotones de unos 40 a 45 minutos hasta que los fondos estén tiernos. Los introducimos en el vaso de un robot de cocina, rectificamos y trabajamos a máxima potencia con el aceite de oliva hasta obtener una crema fina y delicada. Lo pasamos por un chino y reservamos.

PARA EL CALDO DE VERDURAS

hojas y tallos de limpiar las alcachofas
1 zanahoria mediana
1 blanco de puerro
2 cebolletas
1 patata mediana
2,5 l agua mineral
3 ajos
sal

Pulimos y limpiamos todas las verduras, las cortamos en mirepoix y las introducimos en una cazuela alta con las hojas y tallos de limpiar las alcachofas. Mojamos las verduras con el agua y las colocamos en el fuego. Cuando comience a hervir, las colocamos a un lado de la plancha y dejamos el caldo en infusión un par de horas a fuego muy suave. Pasado ese tiempo, colamos con un colador fino sin apretar las verduras.

PARA EL AIRE DE TRUFA

2 dl de leche y 1 dl de leche evaporada
50 ml de agua mineral
90 ml de aceite macerado de trufa negra
(véase el recetario básico)
1,2 g de lecitina de soja en polvo
sal

Mezclamos todos los ingredientes menos la lecitina en un recipiente rectangular, estrecho y alto. Tienen que quedar unos 2 centímetros de líquido en su interior. Unos 5 minutos antes de servir, añadimos la lecitina y trabajamos la superficie del líquido con la ayuda de un túrmix, formando una espuma aérea. Dejamos reposar 1 minuto antes de servir para que el aire se estabilice.

PARA LOS LANGOSTINOS

4 langostinos frescos medianos
1 dl de agua mineral
20 ml de aceite macerado de trufa negra
(véase el recetario básico)
sal

Pulimos las colas de langostino dejándolas limpias de cáscaras o intestinos. Colocamos el agua, el aceite y la sal en un cazo alto. Encajamos en el cazo un colador de malla. Tiene que quedar una altura entre la malla y el líquido de 5 centímetros aproximadamente. En el momento de servir, marcamos muy ligeramente los langostinos en una sartén bien caliente con unas gotas de aceite. Introducimos las colas en el colador de malla y tapamos. Cocemos al vapor de trufa unos 30 o 40 segundos. Cortamos cada langostino por la mitad y los servimos de inmediato.

PARA LOS FONDOS DE ALCACHOFAS

4 alcachofas moradas de tamaño normal
1 dl de aceite de oliva (picual sierra Mágina, D. O. Jaén)
sal

Cortamos el tallo de la alcachofa dejando 2 o 3 centímetros. Retiramos las dos primeras capas de hojas y vaciamos el interior. Con la ayuda de un pelador, repasamos la parte externa de los fondos y tallos hasta que no quede ninguna hoja. Introducimos los fondos en un cazo con agua salada y los cocemos hasta que estén tiernos. Los reservamos en el aceite.

OTROS

1 trufa de verano *(Tuber aestivum)* de tamaño medio
aceite de trufa negra (véase el recetario básico)

MONTAJE

Cortamos 3 o 4 láminas muy finas de trufa de verano por ración. Dividimos cada fondo de alcachofa en cuatro y los salteamos con un poco de aceite. En el plato, colocamos los cuartos de alcachofa, los dos trozos de langostino y las láminas de trufa. Tenemos que montar de manera que quede un hueco en el centro para el aire. En el momento de servir, disponemos el aire con la ayuda de dos cucharas. Aliñamos con un hilo de aceite de trufa y unas escamas de sal. Servimos el jugo aparte a unos 90 °C.

«PARMIGIANA» DE BERENJENAS *DE ANTONIA DELL'ATTE*

PARA LA SALSA DE TOMATE

12 tomates maduros
3 cebollas tiernas
3 o 4 cucharadas de aceite de oliva
sal
pimienta
1 cucharadita de pimentón ahumado de la Vera
100 g de pasta de tomate doble concentrado
1 manojo de albahaca fresca

Escaldamos los tomates en agua hirviendo, los pelamos y troceamos en dados.

Sofreímos las cebollas tiernas en el aceite, salpimentamos y añadimos el pimentón de la Vera. Incorporamos los tomates picados a la cebolla sofrita junto con la pasta de tomate. Dejamos que se cocine a fuego suave 2 horas. Rectificamos de sal y pimienta. Añadimos dos o tres hojas de albahaca troceada y reservamos hasta su uso en un recipiente hemático.

PARA LA BERENJENA

1,5 kg de berenjenas de calidad y buen tamaño
sal gruesa
aceite de oliva a demanda

Pelamos las berenjenas y las cortamos longitudinalmente en láminas de 1 centímetro. Para purgar las berenjenas las colocamos en un colador formando capas con un puñado de sal gruesa en cada capa, con un plato y peso encima. Dejamos que vayan perdiendo líquido por espacio de 1 hora y luego las limpiamos con agua y las secamos bien entre papeles de cocina. Freímos en abundante aceite de oliva a 180 °C unos 2 o 3 minutos hasta que estén ligeramente doradas por fuera. Volvemos a pasar por papel de cocina para eliminar el exceso de aceite y reservamos.

PARA LOS QUESOS

parmesano o pecorino rallado
250 g de burrata fresca

Rallamos el parmesano de forma que quede granulado. Reservamos.

La burrata la cortamos en pedazos regulares de 1 a 2 centímetros. Reservamos.

PARA LA «PARMIGIANA»

Utilizamos una placa de horno con papel sulfurizado y encima ponemos un molde rectangular cubierto, asimismo, con este tipo de papel. Colocamos una pequeña cantidad de salsa de tomate en la base del molde y una primera capa de berenjena que cubra toda la base, espolvoreamos un poco de parmesano granulado y añadimos dados de burrata junto con unas hojitas de albahaca fresca. Cubrimos con salsa de tomate y montamos una segunda capa de berenjena de forma transversal a la primera, presionando un poco el conjunto. De nuevo parma granulado y dados de burrata. Salseamos con tomate y añadimos la tercera capa de berenjena transversal a la última, fijando bien la estructura. Cubrimos el montaje con salsa de tomate y espolvoreamos bien con queso para gratinar.

Cocinamos en el horno 40 minutos a 180-190 °C. Dejamos reposar un poco antes de cortar en raciones.

MONTAJE

Emplatamos una de las raciones en el centro del plato, añadimos unas hojas de albahaca fresca y acabamos con un chorrito de aceite de oliva virgen.

SALMOREJO CON TEXTURAS DE TOMATE

PARA EL SALMOREJO CON TEXTURAS DE TOMATE

830 g de tomate maduro cebra verde
14 g de sal
1 g de ajo
2,4 g de vinagre
130 g de miga de pan blanco
13 g de pimiento verde
48 ml de aceite picual
hielo pile a demanda

Nota: La composición del salmorejo nos permite helarlo y hacer que se comporte como un helado convencional. Para ello, lo pasamos por una máquina de helado una vez congelado y obtendremos un delicioso helado cremoso de salmorejo.

Limpiamos los tomates, retiramos los pedúnculos y los cortamos en cuartos. Pesamos todos los ingredientes por separado.

Introducimos hielo pile dentro del recipiente del robot de cocina con el que vamos a triturar los ingredientes para prolongar el tiempo de triturado y evitar además que se calienten.

La texturización del salmorejo la hacemos en 3 pasos:

1. Ponemos el tomate, el pimiento, el ajo, la sal y el vinagre en el recipiente del robot y trituramos a máxima velocidad vigilando que no suba la temperatura de los ingredientes, hasta obtener una crema muy fina.
2. Incorporamos el pan, previamente congelado para ayudar a mantener la temperatura, y trituramos a máxima velocidad.
3. Por último, incorporamos el aceite de oliva poco a poco y a velocidad media para que emulsione. Este es el paso más importante con el que daremos un color vivo y atractivo al salmorejo.

PARA LAS TEXTURAS DE TOMATE VERDE

1 tomate maduro de calidad cebra verde
1 cucharada de sal marina
1 cucharada de azúcar
1 cucharada de aceite de oliva arbequina de calidad
1 cucharada de pimienta recién molida

Marcamos los tomates con una puntilla y los escaldamos en el agua hirviendo durante 12 segundos. Enfriamos los tomates en agua helada y los pelamos. Hacemos cortes en las líneas blancas que separan las celdas del tomate y retiramos los «pétalos» que encierran las semillas. Con cuidado y con la ayuda de una puntilla, sacamos intactas las yemas de los tomates y reservamos la placenta o carne central junto con las yemas para el emplatado.

Colocamos los pétalos de tomate en un bol y los aliñamos con un poco de sal, azúcar, pimienta negra y aceite. Colocamos los pétalos aliñados en una fuente y los asamos muy suavemente al horno a 115 °C durante 25 minutos. Damos la vuelta a los tomates y los asamos 25 minutos más. Terminada la cocción, reservamos en un recipiente hermético con un poco de aceite de arbequina.

Para terminar la receta, picamos la placenta o carne central del tomate en dados pequeños y regulares y los aliñamos con sal y aceite de oliva. Aliñamos también las yemas del tomate con sal, aceite y una rosca de pimienta negra.

PARA LAS MIGAS DE PAN

200 g de pan blanco precocido y congelado
100 g de mantequilla fresca
sal
pimienta

Trituramos el pan congelado y cortado en dados en un robot de cocina hasta obtener migas de pan pequeño. En una sartén juntamos las migas con la mantequilla y las dejamos cocer a temperatura media hasta que queden perfectamente doradas. Rectificamos de sal y pimienta, las pasamos por un colador y después por papel absorbente con la intención de retirar toda la grasa sobrante. Dejamos enfriar y reservamos en un recipiente hermético.

OTROS

aceite de oliva arbequina de mucha calidad
escamas de sal
hojas de germinado de albahaca

MONTAJE

En el centro del plato, añadimos una cucharadita de pan a la mantequilla. Cubrimos el pan con un poco de tartar de tomate y alrededor colocamos tres yemas de tomate aliñadas y tres pétalos de tomate confitado. Encima del tartar, ponemos una cantidad de salmorejo cremoso o una quenelle de helado de salmorejo si lo hemos tratado como un helado. Terminamos con unas escamas de sal, un hilo de aceite de oliva y tres hojitas de germinado de albahaca.

EL «TRINXAT» DE LA CERDANYA

½ kg de col
½ kg de patata agria
2 dientes de ajo
150 g de cebolleta
150 g de butifarra negra
150 g de tocino con pimienta

PARA LA GUARNICIÓN (OPCIONAL)

tocino fresco frito
salsa de ternera reducida (véase el recetario básico)

Lo primero que haremos es cocer el repollo o col en una cazuela con agua hirviendo durante 15 minutos. La proporción de patata y col debe ser siempre la misma en un trinchado.

Mientras cocemos la col, hacemos el sofrito. En una sartén con aceite, primero pochamos la cebolla. Debe cocer poco a poco, que quede bien asada. A continuación, añadimos los dientes de ajo cortados en finas láminas.

Una vez hecho el sofrito, añadimos los dados de tocino con pimienta y la butifarra negra. Removemos y dejamos que se vaya desmenuzando poco a poco.

Pasados los 15 minutos de la cocción de la col, añadimos la patata cortada en dados toscamente, chascada. Dejamos cocer durante unos 15 minutos más o hasta que esté hecha la patata. Escurrimos y rectificamos de sal y pimienta.

Trinchamos y aplastamos con la ayuda de un tenedor la patata y la col para que todo se integre bien. Una vez hecho esto, añadimos el sofrito y continuamos removiendo con el tenedor para que todos los ingredientes queden bien mezclados.

Ponemos una sartén con aceite en el fuego y, cuando esté bien caliente, echamos la mezcla, como si fuera una tortilla de patatas. La intención es conseguir una especie de tortilla y que se vaya dorando. La movemos cogiendo la sartén por el mango hasta que tome color. Le damos la vuelta también, como si fuera una tortilla. El color del trinchado debe ser marrón, por lo que aportará un toque crujiente.

Una vez hecho esto, emplatamos una mitad en un plato. Aparte, en una sartén, freímos unas tiras de tocino hasta que esten bien doradas y crujientes.

Por encima, y para terminar, colocamos el tocino frito y una cucharada opcional de jugo de ternera reducido.

CREMA DE CALABAZA CON CITRONELA Y VIEIRAS

PARA LA INFUSIÓN DE NATA

1 dl de nata al 35 % MG
2 citronelas

Cortamos la citronela en julianas finas. En un cazo, echamos la nata y la citronela y las llevamos a ebullición; luego, bajamos el fuego al mínimo, lo justo para que se mantenga la nata a 90 °C. Dejamos cocer suavemente durante 10 o 15 minutos y tapamos con papel film. Lo apartamos del fuego y lo dejamos infusionar. Lo colamos y lo reservamos para realizar la crema de calabaza.

PARA LA CREMA DE CALABAZA

450 g de calabaza violín limpia de piel y semillas
60 g de cebolleta limpia
5 dl infusión de verduras (véase el recetario básico)
125 g de mantequilla
sal
pimienta

Cortamos la calabaza en dados de 1 centímetro, la cocemos al horno a 180 °C con la mantequilla, menos 25 gramos que utilizamos para cocinar la cebolleta. Cuando esté cocida y con un bonito color dorado, acabamos la cocción en una sartén donde hemos cocido la cebolleta picada muy pequeña con la mantequilla reservada. Buscamos terminar de compotar la calabaza, secarla y potenciar al máximo su sabor. Añadimos la infusión de nata con citronela y el caldo de verduras, rectificamos de sal y pimienta. Cocinamos de 10 a 15 minutos a fuego medio, trituramos muy fino en un robot de cocina, colamos y reservamos.

PARA LAS VIEIRAS

4 piezas de vieira
aceite de oliva
sal
pimienta

Limpiamos las vieiras, las salpimentamos y las asamos en una sartén antiadherente caliente no más de 30 segundos por cada lado hasta que estén doradas.

PARA LOS MINIPUERROS

8-10 piezas de minipuerros
aceite de oliva
sal
pimienta

Cocinamos los minipuerros limpios en agua hirviendo con sal durante 20 segundos. Los enfriamos rápidamente en agua fría con algún hielo. Al momento de terminar la crema, cortamos los puerros en pequeños segmentos y los aliñamos. Los salteamos hasta que se doren y los servimos sin demora.

OTROS

hojas de perifollo
cebollino
rúcula

MONTAJE

Calentamos la crema de calabaza sin superar los 90 °C. En una sartén, salteamos ligeramente las vieiras seguidas de los minipuerros, cortamos cada pieza de vieira en cuatro partes iguales, las montamos en la base de un plato hondo y, acto seguido, distribuimos los minipuerros (dos o tres piezas por ración). Acabamos con brotes de perifollo, cebollino y rúcula. Servimos aparte la crema de calabaza.

CONSEJOS

Podemos añadir a nuestra crema cualquier tipo de picatoste de pan o una finísima ralladura de piel de naranja, pues pueden aportar complejidad y aromas muy interesantes.

ENSALADA CÉSAR CLÁSICA Y MODERNA

PARA LA CLÁSICA

lechuga romana limpia
picatostes aromatizados con ajo y perejil
queso parmesano rallado

PARA EL ALIÑO

yema de huevo
vinagre de manzana
salsa Perrins
aceite
sal
pimienta

Para preparar la salsa clásica, emulsionamos las yemas con el vinagre, la salsa Perrins, el aceite, la sal y unas gotitas de limón.

Disponemos planas en un plato las hojas de lechuga de mejor aspecto y picamos el resto para ponerlas en medio. Aliñamos con la salsa y repartimos los picatostes por la ensalada. Volvemos a aliñar con la salsa; después, espolvoreamos el parmesano rallado y acabamos con un poco de ajo en polvo.

PARA LA MODERNA

lechuga romana limpia
rebanada de pan de payés
pechuga de pollo
filetes de anchoa
400 g de parmesano rallado
400 ml de agua
1 diente de ajo
mantequilla ahumada

PARA EL ALIÑO

yema de huevo
vinagre de manzana
salsa Perrins
mahonesa
mostaza de Dijon
aceite
sal
pimienta
xantana (opcional)

Nota: Para esta versión moderna de la ensalada César añadimos dos ingredientes a la anterior, esto es, el pollo y la anchoa.

En primer lugar, envasamos una pechuga de pollo y la cocinamos en agua a 60 °C durante unos 20 minutos para conseguir el máximo de jugosidad. Pasado ese tiempo, la marcamos en la parrilla con sal y aceite, y la reservamos.

Por otro lado, para obtener una receta sin tanta grasa, hacemos un suero de parmesano: ponemos a calentar no más de 1 minuto el parmesano rallado en el agua y lo dejamos infusionar 15 minutos. Pasado ese tiempo, decantamos el conjunto para quedarnos únicamente con el agua con sabor a queso, descartando la grasa acumulada en el fondo. La reservamos.

Para la yema de huevo, envasamos las yemas en una bolsa al vacío y las esterilizamos a 60 °C durante 10 minutos. Las reservamos.

Para preparar la salsa utilizamos el suero de parmesano y lo texturizamos con mahonesa con la ayuda de un túrmix. Añadimos unas gotas de limón, pimienta negra, mostaza de Dijon, aceite de oliva, la yema esterilizada, un filete de anchoa picado, la salsa Perrins y rectificamos de sal. Podemos ayudarnos de un poco de xantana para acabar de texturizar la salsa al gusto. La reservamos.

Para los picatostes, tostamos la rebanada de pan en la brasa, restregamos el diente de ajo por toda ella y, una vez esté dorado y crujiente, troceamos la miga en daditos. Calentamos un poco de mantequilla ahumada en una sartén y salteamos los dados de pan junto con una pizca de tomillo fresco.

Para el montaje, estiramos las hojas de lechuga más bonitas y picamos el resto poniéndolas en el medio, distribuimos el pollo cortado en trocitos, añadimos unas tiras de manzana Pink Lady, que aportarán dulzor y un punto de acidez, y aliñamos con la salsa todo el conjunto. Luego podemos poner los picatostes, unas hojitas de rúcula, unas láminas de parmesano y unos trozos de anchoa para acabar la ensalada.

AJO BLANCO DE COCO Y GAZPACHO DE JALAPEÑOS CON JUREL REAL

PARA EL AJO BLANCO DE COCO

500 g de hielo pile o agua
370 g de leche de coco de calidad
500 g de agua
400 g de almendra
5 g de ajo
15 g de sal
16 g vinagre de Jerez
aceite de oliva

Trituramos en el hielo, la almendra, la leche de coco, el vinagre, la sal y el ajo blanqueado tres veces en tres aguas durante 3-4 minutos a máxima velocidad. Mientras lo hacemos, vamos añadiendo y emulsionando con el aceite de oliva.

Colamos con un colador muy fino y lo reservamos en nevera.

PARA EL GAZPACHO DE JALAPEÑO

400 g jalapeño
20 g ajo
200 g tomatillo verde
50 g zumo de lima
50 g vinagre de arroz
10 g sal
275 g aceite girasol
150 g pepino
xantana

Quitamos las semillas del jalapeño, lo escaldamos de 15-20 segundos y lo enfriamos en agua y hielo. Pelamos el pepino y escaldamos la piel durante 15 segundos y la enfriamos.

Añadimos todos los ingredientes en un robot de cocina y los trituramos durante 3 minutos añadiendo el aceite en hilo para emulsionar. Cuando lo tengamos, lo pasamos por un colador, lo colocamos en un recipiente rectangular con tapa y lo introducimos en el congelador. A medida que se vaya congelando, lo vamos raspando con la ayuda de un tenedor hasta que tengamos un buen granizado.

PARA EL JUREL CURADO EN SAL DE ANCHOA

sal de curar anchoas o, en su defecto, sal marina
jurel

Sacamos los lomos al pescado, los limpiamos bien de espinas y los cubrimos en sal de anchoa durante 1 hora. Los retiramos y eliminamos toda la sal y los cortamos en dados pequeños. Los reservamos en aceite de oliva.

OTROS

caviar
almendra laminada
aceite oliva

MONTAJE

Ponemos en la esquina del plato un puñado de almendras laminadas y, en la base, el ajo blanco de coco, tres dados de jurel, con una buena cantidad de granizado de gazpacho.

Terminamos con unas gotas de aceite de oliva y dos puntos de caviar.

COCA DE BOQUERONES, HIERBAS Y ACEITUNAS NEGRAS *DE LOS HERMANOS TORRES*

250 g de lomos de boquerón
50 g de aceitunas negras
10 g de tomillo fresco
10 g de romero fresco
1 diente de ajo
50 g de cebolla
150 g de tomate triturado
8 tomates tipo cherri
3 g de gelatina de pescado
sal
pimienta

PARA LA MASA

50 ml de aceite de oliva virgen extra
50 g de manteca de cerdo o mantequilla
100 ml de agua
20 g de levadura prensada
6 g de sal
300 g de harina de fuerza

Mezclamos en un bol la harina, la sal y la manteca o mantequilla. Por otro lado, mezclamos el agua, la levadura y el aceite. Incorporamos a esta última mezcla la harina y amasamos hasta que la pasta tenga un aspecto homogéneo y se despegue bien de las manos.

Dejamos reposar 1 hora en el propio bol, bien tapado para que la levadura actúe.

Transcurrido ese tiempo, estiramos la masa con 5 milímetros de grosor, la pinchamos con un tenedor y la horneamos a 200 °C durante 15 minutos.

Rehogamos el diente de ajo pelado junto con la cebolla picada en brunoise y un trozo de tomillo para la salsa de tomate. Añadimos el tomate triturado y lo dejamos cocer 40 minutos a fuego lento.

Trituramos hasta que la salsa quede bien fina y la colamos. Incorporamos la gelatina hidratada y lo dejamos enfriar sobre una placa filmada.

Cortamos el tomate para el montaje y ponemos la lámina sobre la masa. Después, colocamos los lomos de boquerón paralelos y superpuestos. Agregamos las aceitunas cortadas, los tomates cherri cortados en cuartos y las hierbas aromáticas, y regamos con un buen chorro de aceite de oliva virgen junto con una pizca de sal y pimienta.

«STEAK» DE TOMATE Y PAN

PARA EL PAN

250 g de harina
5 g de levadura en polvo
10 g de sal
100 ml de agua tibia
50 ml de aceite de oliva

Empezamos tamizando la harina, añadimos la levadura, la sal, el agua tibia y el aceite. Amasamos la mezcla y la reservamos a temperatura ambiente en un bol filmado para que fermente durante 1 hora aproximadamente.

Pasado el tiempo de fermentación, cortamos la masa por la mitad y en láminas muy finas. Espolvoreamos en la mesa un poco de harina y, con la ayuda de un rodillo de amasar, estiramos las láminas hasta que queden bien finas.

Las cocinamos en una fuente de horno con papel sulfurizado unos 5-6 minutos a 180 °C. Reservamos el pan para que no coja humedad.

PARA EL «STEAK» DE TOMATE

1 kg de tomate maduro en rama
0,5 kg de tomate cherri Divino
aceite de oliva
sal
pimienta

Hacemos dos texturas de tomate:

La primera al natural: utilizamos el tomate maduro en rama, le sacamos el pedúnculo y le hacemos una pequeña incisión en forma de cruz en el extremo opuesto. Los escaldamos en agua hirviendo y enfriamos los tomates en agua y hielo. Al cabo de 30 segundos, aproximadamente, los pelamos. Separamos la carne del tomate del resto en cuatro partes, en forma de pétalos. Aprovechamos sus yemas y las reservamos.

La segunda, pasificada: utilizamos los tomates cherri, que escaldamos y enfriamos como los otros. Una vez pelados, los ponemos a secar en una fuente de horno, aliñados con sal, pimienta y aceite, unos 30 minutos a 115 °C. Pasado ese tiempo, les damos la vuelta y los secamos 30 minutos más. Dejamos reposar los tomates a temperatura ambiente.

Una vez tenemos las dos texturas de tomate, los picamos bien finos y dejamos la carne en un colador de malla.

PARA EL ALIÑO (SALSA CÓCTEL)

4 huevos
salsa Perrins
tabasco
aceite de oliva
sal
pimienta

Utilizamos las cuatro yemas, las batimos y añadimos unas gotas de Perrins, tabasco, aceite, sal y pimienta al gusto. Una vez hecha la mezcla, la cocinamos al baño maría, 50-55 °C durante 20 minutos.

PARA EL ALIÑO (ENCURTIDOS)

2-3 pepinillos pequeños encurtidos
½ escaloña
1 cucharadita de mostaza antigua
½ cucharadita de miel
½ cucharadita de balsámico de Módena
8-9 alcaparras fritas
aceite
sal
pimienta al gusto

Al picadillo de tomate le añadimos el pepinillo picado bien fino, la escaloña picada también muy fina, la mostaza, la miel, el balsámico y la sal, y también pimienta y aceite al gusto. Acabamos la mezcla con un par de cucharadas de la salsa cóctel. Las alcaparras las reservamos para el montaje del plato.

MONTAJE

Con la ayuda de un molde, en este caso rectangular, ponemos el tartar de tomate en el centro del plato, sin necesidad de presionar el conjunto. Añadimos dos o tres pétalos de tomate al natural, los dos o tres tomates pasificados sobrantes y dos o tres yemas de tomate alrededor del tartar. Aliñamos unos brotes de acelga y hojas de capuchina con aceite y sal para disponerlos encima del conjunto. Acabamos con una o dos olivas y cebolletas encurtidas y las alcaparras fritas. Para finalizar, salseamos con un par de cucharadas de salsa cóctel.

Disponemos una fuente para poner el pan tostado de acompañamiento.

TARTA PROVENZAL AMELIA

PARA LA MASA

250 g de harina de trigo sarraceno
50 ml de aceite suave
1 dl de agua tibia
5 g de sal

Empezamos a mezclar la harina con la sal, el aceite y el agua utilizando las varillas y, cuando esté granulado, amasamos con las manos hasta que los ingredientes se integren y la masa quede homogénea. La dejamos reposar unos 30 minutos tapada con un paño húmedo.

Pasado ese tiempo, estiramos la masa con la ayuda de un rodillo hasta conseguir un grosor de unos 2-3 milímetros. Disponemos la masa en el molde de tartas, la pinchamos por toda la superficie con la ayuda de un tenedor y hacemos una precocción de 15 minutos en el horno a 180 °C. Reservamos.

PARA EL RELLENO

500 g de tomates cherri o similar
300 g de mozzarella
sal
azúcar
aceite de oliva

Escaldamos y pelamos los tomates cherri, los disponemos en una bandeja de horno y los pasificamos, es decir, con aceite, sal y azúcar aliñamos los tomates y los ponemos a secar a 125 °C durante 45 minutos en un horno ventilado, damos media vuelta a los tomates y los cocinamos 30 minutos más hasta que queden secos por fuera y jugosos por dentro. Una vez deshidratados, los distribuimos por la base de la masa ya precocinada junto con la mozzarella en trocitos regulares.

PARA LA CREMA DE RELLENO

1 ajo
80 g de cebolleta
50 g de bulbo de hinojo
50 g de apionabo
250 g de pimientos de piquillo asados a la leña
1 dl de agua
1 dl de aceite de oliva
hierbas frescas (romero, tomillo, albahaca, perifollo, mejorana, hinojo...)
sal
pimienta

En una sartén ponemos el aceite y añadimos el ajo, la cebolleta, el bulbo de hinojo y el apionabo picados bien fino. Dejamos que se cocinen e incorporamos las hierbas provenzales picadas finas y rehogamos unos minutos más. Le añadimos el agua y los pimientos del piquillo, dejamos cocinar el conjunto y, finalmente, rectificamos de sal.

Pasamos la mezcla por un triturador hasta conseguir una crema fina que nos servirá de relleno. La extendemos por encima del relleno de tomates y mozzarella.

PARA LA COBERTURA DE HORTALIZAS

tomate
calabacín
berenjenas
aceite de oliva con las mismas hierbas del relleno y un toque de ajo

Con la berenjena y el calabacín hacemos rodajas bien finas que dejamos purgando con agua y sal durante unos 30 minutos. Pasado ese tiempo, los secamos bien en papel y estarán listos para distribuirlos junto con el tomate cortado, también en rodajas, en forma de círculo, intercalando una de cada por encima de la crema del relleno. Una vez dispuestas las hortalizas, aliñamos con aceite y más hierbas provenzales frescas bien picadas, las mismas que hemos utilizado para el relleno. Y, por último, lo cocinamos en el horno a 170-175 °C durante 30 minutos. Acabamos con unas hierbas frescas para decorar.

PAPAS CON CHOCO *DE ÁNGEL LEÓN*

salsa de choco
bloque de choco
guiso de choco
patata confitada (2 uds./pax.)
brote de hierbabuena (2 uds./pax.)
ravioli de choco (2 uds./pax.)

PARA LA SALSA DE CHOCO

500 g de cebolla
75 g de pimiento verde
25 g de tomate frito
375 g de recorte de choco
80 g de oloroso
150 g de patatas
2 l de caldo de coñeta
1 hoja de laurel
1 cucharada sopera de aceite de oliva suave

Picamos la cebolla y el pimiento verde en brunoise.

El aceite lo calentamos en una olla y echamos la cebolla, pimiento y laurel hasta que queden caramelizados.

Cuando tengamos el sofrito, vertemos el vino oloroso, y dejamos que reduzca y evapore alcohol.

Una vez que el sofrito junto con el vino esté reducido, echamos el tomate frito y lo cocinamos.

En el sofrito, junto con el tomate, introducimos los recortes de choco hasta que suelten toda el agua y queden sellados.

Rallamos la patata, la cocinamos para que salga el almidón y le añadimos el caldo de coñeta. Para que la patata no se pegue en la base de la olla, dejamos una espumadera dentro de ella.

Mantenemos infusionando el guiso durante 45 minutos y luego lo colamos con un chino y con una superbag o colador de malla fina. Lo pasamos a otra olla y lo dejamos reducir hasta tener la textura deseada. El propio almidón de la patata será lo que ligue el guiso.

PARA EL BLOQUE DE CHOCO

Limpiamos el choco y separamos la cabeza y las aletas para preparar la salsa y el guiso de choco.

Quitamos bien las telillas del cuerpo con papel y lo cortamos en rectángulos de 7 por 5 centímetros.

Luego, apilamos las piezas una sobre otra hasta llegar a cinco y las envolvemos en papel sulfurizado y film.

Todo esto lo ponemos en una fuente y presionamos con otra. Lo filmamos bien, prensamos y lo metemos en el abatidor hasta que quede bien congelado.

Luego cortamos láminas muy finas en un cortafiambres, donde introducimos el guiso de choco en pastilla para convertirlo en un ravioli.

PARA EL GUISO DE CHOCO

500 g de cebolla
75 g de pimiento verde
25 g de tomate frito
375 g de recortes de choco
80 g de oloroso
5 hojas de gelatina
2 l de caldo de coñeta
1 hoja de laurel
1 cucharada sopera de aceite de oliva suave

Picamos la cebolla y el pimiento verde en brunoise.

El aceite lo calentamos en una olla e incorporamos la cebolla, el pimiento y el laurel hasta que queden caramelizados.

Cuando tengamos el sofrito, vertemos el vino oloroso y dejamos que reduzca y evapore alcohol.

Una vez que el sofrito y el vino estén reducidos, agregamos el tomate frito y lo cocinamos.

En el sofrito, junto con el tomate, introducimos los recortes de choco hasta que suelten toda el agua y queden sellados.

Echamos el caldo de coñeta y lo reducimos. Luego trituramos el guiso hasta que quede una crema e hidratamos las hojas de gelatina para introducirlas dentro de este. Lo pasamos a unas mangas para ponerlo en moldes y congelarlo. Esto será el relleno del ravioli.

PARA LA PATATA CONFITADA

patata monalisa
aceite de oliva suave
papel parafinado

Cortamos los papeles parafinados en cuadrados.

Pelamos la patata y la cortamos en mandolina a 1 milímetro de grosor.

Vertemos el aceite en una sartén y con el aceite frío echamos las láminas de pata que dejamos cocer a fuego mínimo para que se confiten poco a poco.

Cuando estén confitadas, las secamos con papel secante y las guardamos entre el papel parafinado cortado en el primer paso.

PARA EL BROTE DE HIERBABUENA

Deshojamos la hierbabuena y sacamos los brotes más pequeños. Los reservamos en papel húmedo para que no se oxiden.

PATATAS A LA RIOJANA *DE FRANCIS PANIEGO*

75 ml de aceite de oliva virgen extra
200 g de costillas de cordero
2 dientes de ajo
100 g de cebolla
1 kg de patatas
1 hoja de laurel
15 g de pimentón dulce
1 cucharada sopera de pimiento choricero
1 cucharada sopera de majado de ajo y perejil
agua
2 pimientos verdes
200 g de chorizo riojano
1 cucharada sopera de sal

Doramos las costillas con el aceite de oliva. Cuando estén bien doradas, añadimos las cebollas cortadas muy finas y más tarde los ajos picados; rehogamos bien todo, vigilando que la verdura no se queme.

Incorporamos ahora las patatas, que se habrán cortado de manera irregular, procurando que el final del corte sea una ruptura (lo llamamos chascar); de esta forma se facilitará que la fécula de la patata actúe con eficacia en el proceso de ligado del caldo). Ahora echamos también el laurel, el pimentón, la sal y el majado de ajo y perejil; rehogamos un poco más para que no se peguen las patatas.

Agregamos el agua fría hasta cubrir el conjunto y cuando dé el primer hervor, añadiremos el chorizo si es un poco tierno (cortado en rodajas de 1 centímetro de grosor, aproximadamente), el pimiento choricero y los pimientos verdes cortados en julianas irregulares.

A partir del siguiente hervor, dejaremos cocer a fuego lento hasta que estén hechas las patatas (aproximadamente, unos 20 minutos). Rectificaremos de sal.

CRUJIENTE DE TARO, SOPA DE TOMATE, COMINO Y CURRI DE MADRÁS *DE TOÑO PÉREZ*

PARA LA MASA DE TARO

640 g de taro
113 g de manteca de cerdo
200 g de almidón de arroz glutinoso
2 g de bicarbonato de sodio
12 g de sal

PARA EL RELLENO DE LAS EMPANADILLAS

5 paquetes de ajete fresco
650 g de puerro
300 g de pimiento rojo
550 g de cebolla roja
2.400 g de tomate natural
600 ml de vino blanco
350 g de tomate frito
1 bote de tomate natural
sal al gusto
un poco de azúcar para quitar la acidez
70 g de comino en grano
pimienta negra molida al gusto
condimento sriracha al gusto

PARA LA MAYONESA DE CURRI DE MADRÁS

100 g de mayonesa
20 g de curri de Madrás
400 g de sésamo tostado

Para preparar la masa de las empanadillas, tenemos que derretir la manteca, pelar el taro, cortarlo en rodajas iguales y cocinarlo al vapor hasta que esté tierno. A continuación, lo secaremos en el horno a 200 °C durante 7 minutos. En la Thermomix, mezclaremos todos los ingredientes y los trituraremos hasta que obtengamos una masa que se despegue. Dispondremos una parte de la masa entre dos plásticos y la estiraremos con el rodillo. Congelaremos. Luego, separaremos una lámina y le daremos una forma cilíndrica. La volveremos a congelar para poder separarla del plástico cómodamente y guardaremos los discos congelados hasta que los necesitemos.

Para preparar el relleno, empezamos pochando todos los ingredientes cortados en brunoise. Una vez pochados, agregamos el comino tostado y el vino blanco, y cocinamos 15 minutos a fuego medio. Sazonamos al gusto con pimienta, azúcar y sal, y espesamos con maicena. Dejamos enfriar y reservamos el relleno.

Para la mayonesa de curri, mezclamos los ingredientes en la Thermomix hasta que el resultado sea homogéneo, y la reservamos en mangas.

A la hora de armar las empanadillas, disponemos los discos sobre un silpat, colocamos el relleno encima en forma circular, los tapamos con otro disco y los trabajamos un poco con el soplete para poder moldear la empanadilla. Aplastamos los bordes de arriba del disco para que queden sellados y presionamos bien toda la empanadilla circular para que, cuando la friamos, no se despegue. La recortamos con otro disco más pequeño para que tenga forma más redonda. Las volvemos a congelar para poder despegar cómodamente las dos partes una vez congeladas. Guardamos el resultado en el congelador, freímos las empanadillas en aceite a 200 °C hasta que se doren, pero sin que lleguen a quemarse y, antes de servirlas, las regeneramos en la freidora.

Una vez regeneradas, agregamos el pimentón picante, cortamos las empanadillas por la mitad, clavamos una media unidad encima del sésamo tostado, trazamos unos cuantos puntos con la mayonesa de curri por la parte cortada de las empanadillas y terminamos la presentación del plato con unas flores secas de violeta.

CANELÓN DE AGUACATE Y «STEAK» TARTAR DE TOMATES CON MIGAS DE PAN Y YOGUR CURADO

PARA EL ALIÑO (SALSA CÓCTEL)

4 yemas de huevo
salsa Perrins
tabasco
3 pepinillos pequeños encurtidos
2 escaloñas
2 cucharaditas de mostaza antigua
2 cucharaditas de miel
1 cucharadita de balsámico de Módena
8-9 alcaparras fritas
aceite
sal
pimienta

Utilizaremos las cuatro yemas, las batiremos y añadiremos unas gotas de Perrins, tabasco, aceite, sal y pimienta al gusto. Una vez hecha la mezcla la cocinamos al baño maría, a unos 50-55 °C, durante 20 minutos.

Al picadillo de tomate le añadiremos el pepinillo picado bien fino, la escaloña picada también muy fina, la mostaza, la miel, el balsámico, la sal y la pimienta, y aceite al gusto. Acabaremos la mezcla con un par de cucharadas de la salsa cóctel. Las alcaparras las reservaremos para el montaje del plato.

PARA EL «STEAK» DE TOMATE

1 kg de tomate maduro en rama
sal
pimienta
aceite de oliva
salsa cóctel (receta anterior)

Haremos dos texturas de tomate. Para la primera, al natural, utilizaremos el tomate maduro en rama, le sacaremos el pedúnculo y haremos una pequeña incisión en forma de cruz en la otra punta del tomate. Escaldaremos los tomates en agua hirviendo y, al cabo de 30 segundos, aproximadamente, los enfriaremos en agua y hielo. Los pelaremos, separaremos la carne del resto en cuatro partes en forma de pétalos. Aprovecharemos las yemas del tomate y las reservaremos.

En una fuente de horno pondremos a secar los pétalos de tomate aliñados con sal, pimienta y aceite unos 30 minutos a 115 °C. Pasado ese tiempo les daremos la vuelta y los secaremos 30 minutos más. Dejaremos reposar los tomates a temperatura ambiente, aliñados con un poco de aceite de oliva. Picaremos bien finos los pétalos intentando reproducir el corte de una carne picada. Aliñaremos las carnes de tomate con la salsa cóctel hasta conseguir un intenso sabor a steak tartar.

PARA LAS LÁMINAS DE CANELÓN DE AGUACATE

3 aguacates Hass maduros
aceite
sal

Retiraremos, con mucho cuidado de no estropearlas, la carne, la piel y la semilla de los aguacates. Cortaremos láminas de aguacate de 1 milímetro con la ayuda de un pelador o cuchillo fino y las colocaremos encima de un plástico alimentario con aceite y sal formando un rectángulo un poco más largo, pero del mismo ancho que la pasta para canelones.

MIGAS DE PAN A LA MANTEQUILLA

200 g de pan blanco precocido y congelado
100 g de mantequilla fresca
sal
pimienta

Trituramos el pan congelado y cortado en dados en un robot de cocina hasta obtener migas de pan pequeñas. En una sartén juntamos las migas con la mantequilla y dejamos cocer a temperatura media hasta que estén perfectamente doradas. Rectificamos de sal y pimienta, pasamos por un colador y después por papel absorbente, con la intención de retirar toda la grasa sobrante. Dejamos enfriar y reservamos en un recipiente hermético.

PARA TERMINAR

miga de pan a la mantequilla
anchoas del Cantábrico o de L'Escala
yemas de tomates reservadas de la elaboración del steak
aceite de oliva
yogur curado (véase el recetario básico)
hojas de rúcula selvática
sal
pimienta negra

Rellenamos las láminas de aguacate con el steak de tomate y una buena cucharada de miga de pan a la mantequilla y cerramos formando un canelón.

Colocamos los canelones de tomate en el centro de platos llanos, añadimos una cucharadita de yogur curado aliñado con aceite y acabamos con unas pequeñas hojas de rúcula y unas anchoas cortadas en cuatro partes, repartidas por todo el plato.

MIS ÑOQUIS DE PATATA

PARA LOS ÑOQUIS DE PATATA

1 kg de patata agria cocida
300-500 g de harina
1 huevo
100 g de parmesano rallado
12-14 g de sal marina

En primer lugar, coceremos las patatas enteras y con piel en abundante agua con sal durante 40-50 minutos vigilando que no se resquebraje la patata. Una vez cocidas las pelaremos y rallaremos para que vayan perdiendo humedad. Las estiraremos y añadiremos el parmesano rallado y a continuación el huevo entero. Por último, tamizaremos unos 300 g de harina y amasaremos con cuidado hasta que quede una masa homogénea y bien integrada.

Con el resto de la harina cubriremos la zona de trabajo y ayudándonos de una manga pastelera, estiraremos la masa de ñoqui hasta conseguir cilindros de 1 centímetro de grosor. Una vez tengamos los cilindros, cortaremos segmentos de un par de centímetros y los cubriremos ligeramente con harina. Colocaremos los ñoquis encima de las púas de un tenedor y les daremos medio giro suave, presionando ligeramente para fijar la forma rayada clásica que ayudará a que conserven la salsa en su superficie. Reservaremos. Para hervir los ñoquis, necesitamos abundante agua hirviendo con sal, y los cocinaremos 1 minuto desde que recuperen el hervor.

Los ñoquis admiten múltiples combinaciones, pero algunos de los ejemplos de recetas más comunes que podemos preparar con nuestros ñoquis son con ragú de tomate y aceitunas negras o al pesto.

MONTAJE

Calentaremos el ragú o el pesto, añadiremos unas hojas de albahaca, una pizca de pimienta, un poco de oliva negra deshidratada, en el caso de los ñoquis con ragú, y agregaremos los ñoquis mezclando bien todo el conjunto. Guisaremos un par de minutos finales para homogenizar los sabores. Emplataremos en un plato hondo una buena ración y acabaremos la presentación con queso rallado, unas hojas de rúcula y un chorro de aceite de oliva virgen por encima.

CUAJADA DE HIERBAS, MIEL Y MIL FLORES *DE ENEKO ATXA*

atadillo de hierbas aromáticas
1 cucharada de albahaca
1 cucharada de menta
1 cucharada de tomillo
1 cucharada de romero
1 cucharada de flores de temporada
400 ml de agua
140 g de miel
8 g de lecitina
4 g de emulsionante sucro
2.000 g de leche de oveja
80 g de miel
2 g de polvo de cinco especias
200 ml de agua
1 hoja de gelatina
3 gotas de cuajo vegetal
1 cucharada de flores de romero
1 cucharada de granizado de miel

AIRE DE MIEL

Calentamos el agua a 90 °C. Incorporamos la miel y disolvemos. Dejamos enfriar y añadimos la lecitina y el emulsionante. Mezclamos con el túrmix y mantenemos en un baño maría para que la miel no cristalice. Reservamos hasta el momento del pase.

INFUSIÓN DE LECHE DE OVEJA

Llevamos la leche a ebullición. Una vez arranque el hervor, retiramos del fuego y añadimos el atadillo. Cubrimos con papel film. Dejamos infusionar durante 5 minutos. A continuación, colamos y reservamos hasta el momento del pase.

GRANIZADO DE MIEL

Llevamos el agua a ebullición. Una vez arranque el hervor, añadimos la miel y el atadillo de cinco especias. Llevamos a ebullición de nuevo y cocemos a 100 °C durante 1 minuto. A continuación, retiramos del fuego y dejamos infusionar durante 10 minutos. Transcurrido este tiempo, pasamos por una superbag y disolvemos la gelatina, previamente hidratada. Vertemos el contenido en un recipiente y congelamos. Raspamosr con un tenedor para obtener un granizado. Reservamos en el congelador.

Para terminar el plato, goteamos el cuajo vegetal en un vaso de cerámica. Vertemos la infusión de leche de oveja templada y dejamos cuajar sin mover del recipiente. Una vez cuajada, disponemos una cucharada de granizado de miel y otra de aire. Coronamos con flores de romero para terminar la presentación.

COCINA en CASA con JORDI CRUZ

LEGUMBRES Y CEREALES

LEGUMBRES Y CEREALES

LEGUMBRES Y CEREALES

LEGUMBRES Y CEREALES

LEGUMBRES Y CEREALES

LEGUMBRES Y CEREALES

ARROZ DE TRES CARNES CON HIERBAS MEDITERRÁNEAS Y ALIOLI DE AJOS ASADOS

PARA LAS CARNES ADOBADAS

400 g de alitas de pollo
250 g de butifarra de cerdo
250 g de cuello o centro de espalda de cerdo
1 dl de aceite de oliva virgen
1 cucharadita de pimentón ahumado picante de la Vera
1 cucharada de pimentón dulce
1 diente de ajo sin germen
1 hoja de laurel
1 ramita de tomillo
1 ramita de romero
1 cucharada de kimchi base o 1 cucharadita de pasta de curri rojo
sal
pimienta al gusto

Mezclamos todos los ingredientes –menos la carne– en un recipiente amplio y a continuación añadimos las alitas. Dejamos macerar durante 2 horas. Pasado este tiempo, incorporamos la butifarra troceada en segmentos de 2 centímetros y la carne de cerdo, también en trozos de la misma medida. Dejamos adobar y atemperar de 4 a 5 horas a temperatura ambiente.

Nota: Podemos adobar las carnes de un día para el otro en frío. Es recomendable realizar esta operación al vacío para potenciar el marinado y mejorar la conservación. Una vez terminado el adobo, procederemos a hacer una precocción al vacío en un agua a temperatura controlada de 65 °C durante 4-5 horas. La precocción de estas carnes cocinadas a baja temperatura facilitará que, cuando las cocinemos, se doren antes. La preparación previa también nos ayudará a tener una reserva en la nevera y a agilizar el proceso cuando procedamos a elaborar el plato.

PARA EL SOFRITO

150 g de cebollas tiernas limpias
850 g de tomates maduros
¾ de una cucharada de aceite de oliva
50 g de pasta de tomate doble concentrado
sal
pimienta
1 cucharadita de pimentón ahumado de la Vera
albahaca fresca (opcional)

PARA AROMATIZAR EL CALDO

3 tomates secos
1 hoja de laurel
1 ñora abierta
aceite de oliva

Escaldamos los tomates en agua hirviendo, los pelamos y troceamos en dados regulares. Sofreímos las cebollas tiernas bien picadas en una cazuela amplia junto con el aceite a temperatura media. Rectificamos de sal y pimienta y añadimos el pimentón de la Vera, la cebolla sofrita junto con la pasta de tomate. Dejamos que se cocine todo a fuego muy suave entre 1 y 2 horas. Rectificamos de sal y pimienta. Apartamos la cazuela del fuego y añadimos dos o tres hojas de albahaca troceada y reservamos.

Nota: Actualmente, tenemos a mano durante todo el año tomates suficientemente ricos con los que elaborar buenos sofritos. Incluso en invierno podemos utilizar los tomates cherri o raf, entre otros, que cumplen perfectamente con su función. Si el tomate es de calidad, está maduro y no ha sido refrigerado, el éxito está garantizado.

El tomate es un ingrediente ligeramente ácido, por lo que es normal que el sofrito retenga acidez natural. Lo que hay que evitar a toda costa es añadir azúcar al sofrito, a no ser que lo preparemos con tomates enlatados y queramos corregir la acidez excesiva de la conserva.

PARA EL CALDO DEL ARROZ

1 ajo
6 tomates maduros
1 cebolla de Figueres
1 chirivía
1 zanahoria
1 puerro
1 nabo
3 carcasas de pollo
1,5 kg de recortes de ternera y cerdo

Asamos las carcasas y los recortes de carne en el horno. Doramos las verduras limpias y troceadas con aceite de oliva en una olla. Añadimos los tomates y el ajo, asados al horno y, después, los aromatizantes. Ponemos las carnes asadas en una olla y las cubrimos de agua. Dejamos hervir a fuego lento entre 3 y 4 horas. Colamos y reservamos.

Nota: Para aportar sabor al caldo, podemos agregar opcionalmente un poco de salsa de soja en una proporción de 25 mililitros de soja por 1 litro de agua.

PARA LA PICADA

avellanas
almendras
ajo
perejil

PARA EL ARROZ

400 g de arroz bomba
1 dl de agua caliente-tibia
6 pistilos de azafrán
1,5 l de caldo de carne
250 g de sofrito de tomate
1 dl de brandi
1 dl de vino tinto cabernet sauvignon
1 dl de aceite
carnes adobadas
sal
pimienta negra

Ponemos a infusionar los pistilos de azafrán y el agua caliente durante 20 minutos.

Colocamos las carnes adobadas en una cazuela baja, amplia y antiadherente. Las asamos con el aceite a fuego medio-alto hasta que estén bien doradas. Desglasamos con los licores y retiramos el asado de la cazuela.

En esa misma cazuela, salteamos el arroz para que se empape de todos los sabores y para nacarar el grano de modo que se fije el almidón. Añadimos el sofrito a la cazuela, salteamos el conjunto y agregamos el caldo caliente y la infusión de agua tibia con azafrán. Cocinamos durante 12 minutos a fuego medio, incorporamos la picada y cocinamos el conjunto otros 4 minutos. Una vez pasado este tiempo, dejamos reposar el arroz fuera del fuego y lo mantenemos tapado unos 3 o 4 minutos más.

PARA EL ALIOLI DE AJOS ASADO

1 yema de huevo
250 ml de aceite de oliva arbequina
1 ajo
una pizca de sal
1 cabeza de ajo morado
25 g de mantequilla

Quitamos la primera capa de piel a la cabeza de ajo y hacemos un corte en la parte superior, a 1 centímetro partiendo de la parte más alta. Colocamos la cabeza en una fuente de asar con el corte hacia arriba. Cortamos la mantequilla en láminas finas y cubrimos con ella la cabeza de ajo. La asamos al horno a 160 °C durante 25 minutos. Damos la vuelta a los ajos con el fin de que absorban la mantequilla y se asen por dentro. Mantenemos la cocción unos 25-30 minutos más. Cuando esté bien hecha, presionamos la cabeza de ajo en caliente para extraer la pulpa. Introducimos la yema, un poco de sal y la pulpa de los ajos asados en un mortero y trabajamos ambos ingredientes a la vez con suaves movimientos circulares. Vamos echando pequeñas cantidades de aceite y, a medida que emulsione, añadimos un poco más de aceite en un hilo fino. El objetivo final es obtener una emulsión dura con un suave sabor a ajo asado.

Nota: Tras los 12 minutos de cocción del arroz, podemos terminar el plato en el horno tradicional o lo podemos pasar a una paella arrocera para rematarlo con una capa fina de un ligero pegado caramelizado socarrat, es decir, tostado. Con este proceso lograremos un acabado como el tradicional y a su vez una cocción del grano muy uniforme.

ARROZ FINO DE GAMBAS Y SEPIA

PARA EL CALDO DE COCCIÓN (FUMET)

1 kg de galeras
1 kg de espinas de pescado
500 g de gambitas o cabezas de gamba
4 l de agua
1 rama de apio
1 cebolla
1 zanahoria
1 pimiento rojo
1 cabeza de ajo
1 puerro
1 hoja de laurel
100 g de salsa de tomate
2 dl de vino blanco seco
sal
pimienta blanca
aceite

Tostamos las galeras, las cabezas de las gambas y las espinas de pescado salpimentadas en una cazuela amplia hasta que tomen color y luego desglasamos con la mitad del vino blanco. Reservamos. Asamos las verduras cortadas en trozos regulares con un hilo de aceite hasta que estén ligeramente doradas y añadimos el tomate; después, desglasamos con el resto del vino blanco y agregamos una hojita de laurel. Cubrimos con el agua y dejamos que hierva suavemente durante unos 25 minutos. Apartamos del fuego y dejamos atemperar un poco para que infusione. Colamos y reservamos.

Nota: Siempre que preparo este caldo, suelo hacer más para asegurarme de que no falte y pensando en congelarlo para tenerlo para alguna otra ocasión.

No suelo usar colorantes en los arroces ni añadir azafrán. En el momento de hacer la cocción, es preferible calentar 1 decilitro de agua hasta que esté tibia y dejar infusionar en ella una cantidad suficiente de hebras de azafrán sin tostar – 12 en este caso –, para obtener un agua con todo el color y el sabor necesarios.

PARA LA MARCA

1 cebolla de Figueres
1 diente de ajo
½ pimiento verde y rojo
1 cucharadita de pimentón dulce ahumado
2 cucharaditas de puré de pimiento choricero
2 sepias limpias
600 g de tomate natural
2 cucharadas de tomate frito concentrado
50 ml de aceite de oliva
3 dl de caldo de cocción (elaboración anterior)

En una cazuela antiadherente marcamos la cebolla junto con el ajo bien picado con un hilo de aceite y lo dejamos pochar hasta que quede doradito. Añadimos los pimientos troceados finos y el pimentón con el pimiento choricero, mezclamos bien el conjunto y agregamos los tomates –el natural y el frito–. Por último, ponemos la sepia limpia y troceada junto con su propia melsa, lo que le aportará un sabor muy intenso. Mojamos con 3 decilitros de caldo de cocción y dejamos cocinar durante 1 hora como mínimo a fuego lento hasta obtener un guiso denso y muy sabroso.

PARA EL ARROZ

½ kg de arroz bomba
gambas frescas de buen tamaño
(1 o 2 uds./pax.)
fumet de pescado
leche evaporada (opcional)
fécula de tapioca (opcional)
12 hebras de azafrán
aceite (opcional)

Para cocinar un arroz de capa fina necesitamos un paellero conectado a una bombona de butano y una buena paella, en este caso antiadherente. Lo encendemos al mínimo por el círculo de fuera, a fuego medio en el círculo central y más fuerte en el interior. En esta posición, cuando tengamos buena temperatura, engrasamos la paella y marcamos ligeramente las gambas frescas. Reservamos.

Ponemos la marca ya guisada y rectificada de sal en la paella, añadimos 1 litro de fumet de pescado y, en el otro medio litro que necesitamos, añadiremos tres cucharadas de leche evaporada, que nos aportará azúcares y proteína para que nos quede una buena caramelización y un perfecto socarrat. Con el mismo propósito, ponemos una cucharadita de fécula de tapioca diluida en agua. Aunque no espesará el conjunto, sin embargo, nos ayudará al crujiente del socarrat. Estos elementos últimos no son estrictamente necesarios; con 1,5 litros de fumet también podemos hacer un arroz fino estupendo.

Una vez tenemos la marca del arroz y el fumet de pescado en la paella bien caliente, le añadimos unas 12 hebras de azafrán diluidas en un poquito de agua tibia. Seguidamente esparciremos medio kilo de arroz – en este caso, bomba –, por el ancho de la paella; es muy importante que quede todo uniforme y bien distribuido.

Llegados a este punto subimos el fuego fuerte durante 10 minutos, controlando que durante la cocción no quede ningún espacio demasiado seco; si es así, añadimos caldo. Si no hay caldo el arroz quedará crudo. Pasado este tiempo, bajamos el fuego a suave y lo dejamos cocinar unos 8 minutos más, sin necesidad de tocar ya nada para que la capa fina sea homogénea. El arroz debe quedar seco y hemos de controlar los últimos minutos para que la caramelización y el socarrat queden perfectos.

Por último, distribuimos por encima del arroz las gambas para que con el propio calor se vayan regenerando.

Nota: Es importante tener un mínimo de aceite «grasa» en nuestra paella para que en la fase del socarrat el arroz se pueda freír un poco y que dicho socarrat quede crujiente. Con los aceites de hacer el sofrito suele ser suficiente, pero podemos añadir un poco más al final de la cocción. Podemos dejar nuestra paella inclinada durante el reposo para eliminar el exceso con la ayuda de papel absorbente una vez el aceite haya cumplido su función.

Esta elaboración se puede acompañar con alioli o, incluso, con un romesco bien cremoso, aunque por la intensidad de nuestro arroz no es necesario, depende solo del gusto del comensal.

«RIGATONI» CON RAGÚ DE TERNERA, CREMA DE PESTO Y TEJA DE PARMESANO

PARA EL RAGÚ DE TERNERA

200 g de carne de buey o ternera (tapa o lomo)
90 g de carne de cerdo picada
50 g de panceta fresca
1 zanahoria pequeña
½ tallo de apio
1 cebolla
4 tomates grandes maduros rallados
4 cucharadas de aceite de oliva arbequina
100 ml de leche entera
100 ml de caldo de carne o agua
100 ml de vino tinto
1 cucharada de mantequilla
tomillo fresco (opcional)
orégano fresco (opcional)
1 hoja de laurel
sal
pimienta

Picamos las carnes y las reservamos. Picamos a cuchillo las verduras hasta que estén bien menudas. En una cazuela con un poco de aceite a fuego medio, cocemos las verduras picadas hasta que estén pochadas, añadimos las carnes y los aromáticos, rehogamos 3 o 4 minutos a fuego medio-alto hasta que el conjunto comience a dorarse bien y añadimos el vino. Cocinamos hasta evaporar el alcohol del vino, añadimos los tomates rallados y salpimentamos. Rehogamos 4 minutos a fuego vivo, mojamos con la leche, el caldo y bajamos la intensidad del fuego a suaves borbotones hasta concentrar el guiso, lograr intensidad de sabor y una textura muy suave y delicada. El tiempo de guiso lento estará mínimo entre 45 y 90 minutos. Rectificamos de sal y pimienta si fuera necesario.

PARA LA CREMA DE PESTO

100 ml de aceite de oliva virgen extra
60 g de queso grana padano o parmesano reggiano rallado
50 g de piñones
25 g de hojas de albahaca
¼ de ajo (al gusto)
sal
pimienta

Ponemos un cazo a hervir con un poco de sal y cuando hierva añadimos la mitad de las hojas de albahaca. Cocemos de 15 a 20 segundos, colamos las hojas y las enfriamos en agua helada. Colocamos todos los ingredientes más las hojas escaldadas en un robot de cocina y emulsionamos a velocidad alta hasta obtener una crema fina perfectamente ligada, muy cremosa y de un verde intenso. Reservamos hasta el momento de servir.

PARA LA TEJA DE PARMESANO

100 g de queso parmesano reggiano o grana padano

Picamos o rallamos el queso hasta obtener un polvo fino. Calentamos una sartén antiadherente a fuego medio y espolvoreamos una capa fina y alargada de queso. Dejamos cocer hasta que tome un bonito y ligero tono tostado. Retiramos de la sartén, cogiendo un extremo de la teja con unas pinzas y tirando con suavidad para estirarla y que adquiera una forma fina y elegante. Dejamos enfriar sobre papel de cocina y servimos rápidamente.

PARA LOS «RIGATONI»

rigatoni
sal
aceite
laurel
mantequilla
pimienta
orégano seco

Cocemos la pasta en agua hirviendo con sal, aceite y unas hojas de laurel. La dejamos muy al dente y la enfriamos en agua helada. Escurrimos la pasta y la salteamos con un poco de mantequilla, sal, pimienta recién molida y un pellizco de orégano seco. Servimos rápidamente. También podemos rellenar los rigatoni cocidos con el ragú frío y, antes de servirlos, calentarlos al vapor, colocando un poco de orégano en el agua y los rigatoni en la cesta superior.

MONTAJE

En un plato sopero de buen tamaño colocamos un trazo de crema de pesto. Encima disponemos los rigatoni calientes formando una pirámide. Si no los hemos rellenado, los cubrimos con el ragú de ternera. Terminamos con la teja de parmesano y unas pequeñas hojas de albahaca. Servimos aparte polvo de parmesano crudo de la elaboración de la teja.

FIDEOS A LA CAZUELA CON RAGÚ

PARA EL RAGÚ

0,3 kg de cebolla tierna
2 ajos
1,5 kg de carne picada de ternera y cerdo
aceite de oliva virgen
sal
pimienta
1 cucharadita de pimentón ahumado de la Vera
1,5 kg de tomate maduro (rama, cherri, Divino)
1 cucharadita de café de orégano en polvo
½ cucharadita de café de romero en polvo
1 cucharadita de café de albahaca en polvo
2 cucharadas soperas de salsa base para kimchi
0,250 kg de sofrito de tomate envasado
0,125 kg de doble concentrado de tomate
5 dl de caldo de pollo

Nota: En esta receta utilizamos salsa base de kimchi, pero podemos utilizar otras con resultados parecidos, al gusto de cada uno: pasta de tomate doble concentrado, pasta de curri rojo o simplemente un tomate frito de calidad.

Picamos la cebolla tierna y la pochamos junto con los dos ajos picados hasta que suelte el agua y se dore bien. Reservamos.

Sellamos la carne en aceite de oliva caliente para que quede bien marcada y desmenuzada, rectificamos de sal y pimienta. Añadimos el pimentón. Reservamos.

Escaldamos, pelamos y troceamos los tomates maduros grandes junto con el resto de los tomates cherri, también troceados. Reservamos.

Una vez tenemos la cebolla doradita, añadimos los tomates troceados, el orégano, el romero, la albahaca y mezclamos bien. Incorporamos al conjunto la carne marcada, el kimchi, el sofrito de tomate y el tomate de doble concentrado. Nos ayudamos de un poco de caldo de pollo para arrancar la cocción. No tapamos la olla del todo y dejamos que guise alrededor de 3 horas.

PARA LAS CARNES

8-10 piezas de alitas de pollo
8-10 trozos de costilla de cerdo del tamaño de la blanqueta
1 dl de aceite de oliva virgen
1 cucharadita de pimentón ahumado picante de la Vera
1 cucharada de pimentón dulce
1 diente de ajo por la mitad
1 hoja de laurel
1 ramita de tomillo
1 cucharada de kimchi
sal
pimienta

Mezclamos todos los ingredientes en un cazo y añadimos las carnes. Dejamos macerar durante 24 horas. Pasado este tiempo escurrimos bien y doramos las carnes con aceite de oliva a fuego medio. Reservamos.

PARA EL CALDO

5 carcasas de pollo
1 cebolla de Figueres
1 zanahoria
2 tomates
1 puerro
aceite de oliva virgen

Marcamos las carcasas con aceite de oliva hasta que queden asadas. Añadimos la cebolla y, 5 minutos después, la zanahoria. Dejamos que se cocinen todos los ingredientes juntos 3 minutos y añadimos el puerro y el tomate. Cocinamos durante 5 minutos y cubrimos con agua. Dejamos hervir suave durante 2 horas. Reservamos.

PARA LA MAYONESA DE AJO

2 cabezas de ajo
mantequilla
250 ml de aceite de oliva
1 huevo
1 limón
sal

Cortamos la parte superior de las cabezas de ajo y ponemos unos daditos de mantequilla encima. Cocinamos los ajos a 160 °C durante 20 minutos. Pasado este tiempo les damos la vuelta y los cocinamos 40 minutos más. En un vaso medidor ponemos el aceite, el huevo, los cinco dientes de ajo asado, tres gotas de limón y una pizca de sal. Emulsionamos el conjunto con el túrmix.

PARA LOS FIDEOS

400 g de fideos n.º 4
aceite de oliva virgen
300 g de ragú
carnes adobadas
1,5 l de caldo de pollo

Doramos los fideos en abundante aceite para aportar sabor y textura. Cuando el dorado sea homogéneo dejamos escurrir en colador de malla.

Finalmente ponemos los fideos en un cazo ancho junto con las carnes adobadas y el ragú, mezclamos bien el conjunto a fuego medio y añadimos el caldo caliente. Damos un par de vueltas y rectificamos de sal al gusto. Cocinamos en el horno a 180-200 °C 15 minutos. Pasados 10 minutos, removemos los fideos si fuera necesario y cocinamos los últimos 5 minutos sin tocar nada para que el fideo se ponga firme.

MONTAJE

perejil

Emplatamos los fideos de carne y ragú en un plato hondo, espolvoreamos perejil picado y añadimos unas cucharaditas de mayonesa de ajo.

Nota: En esta receta podemos utilizar sin problemas un alioli tradicional. En este caso hemos usado una mayonesa de ajo para añadir más textura al plato y abusar de ella sin miedo. Además, su elaboración es, en términos prácticos, infinitamente más sencilla.

LA FABADA ASTURIANA *DE MARCOS MORÁN* CON ALGÚN «TOUCH»

500 g de fabes asturianas de mucha calidad, frescas o secas, remojadas en agua mineral 12 horas
200 g de chorizo ahumado
200 g de morcilla ahumada
200 g de panceta ibérica
1 cucharadita de café de pimentón de la Vera
35 pistilos de azafrán de la Mancha
50 g de mantequilla
1 dl de aceite de oliva
1 cebolla de Figueres de tamaño medio
200 g de lacón desalado
caldo de ave
agua mineral o descalcificada
sal

En una buena cazuela de fondo grueso, introducimos las fabes y las cubrimos con agua mineral, superando su superficie un par de centímetros. Añadimos la mitad del aceite y la mantequilla y les damos un hervor rápido de 10 minutos a fuego vivo a partir de la ebullición con la cazuela tapada. La mantequilla no suele emplearse en recetas tradicionales de fabada asturiana y seguramente no es necesario incorporarla, pero, desde mi punto de vista, una pequeña cantidad como la indicada en esta receta nos aportará una melosidad muy interesante y necesaria en este tipo de guisos.

Mientras estamos realizando este primer hervor, cocinamos las carnes en una olla aparte con agua hirviendo durante 3 o 4 minutos para eliminar impurezas; esto hace que, sobre todo la morcilla, suelte parte de su grasa y no nos quede tanta al final (este paso no es imprescindible, pero ya añadimos al guiso otras grasas más delicadas y un exceso de grasa de los embutidos le quitará nobleza al resultado).

Una vez escaldadas las carnes, las incorporamos a la olla donde estamos efectuando los 10 minutos de hervor rápido. El momento de su incorporación nos dará un poco igual, ya que los 10 primeros minutos de cocción rápida son para acelerar el proceso de cocción de las fabes aprovechando que aún están muy consistentes.

Terminados los 10 minutos de cocción, apagamos el fuego hasta que la temperatura baje un poco. Mientras tanto, en una sartén caliente, agregamos la cebolla picada y el aceite, y empezamos a sofreír. Cuando la cebolla baile y tengamos buena temperatura, la apartamos del fuego y echamos el pimentón. Sofreímos con la temperatura residual del sofrito 1 minuto dando vueltas con una cuchara y lo añadimos al guiso; también echamos los pistilos de azafrán que hemos secado o tostado ligeramente en un sitio cálido sin llegar a quemarlos o secarlos demasiado.

La función de este sofrito, en el que nunca llega a cocer la cebolla en demasía, solo nos servirá para incorporar el pimentón de la Vera, con una cocción previa que extraiga todo lo bueno de este pimentón sin llegar a quemarlo.

A partir de este punto, el guiso está listo, solo nos falta seguir cociendo a fuego medio-bajo, a ligeros borbotones, durante 3 o 4 horas aproximadamente en el caso de las fabes remojadas, desespumando si es necesario y controlando que no se queden secas. En caso de ser así, iremos añadiéndole pequeñas cantidades de caldo de ave caliente o agua de la olla donde en un principio habíamos escaldado las carnes. El asustado de la fabada me gusta hacerlo con este caldo de ave, que vertemos caliente en pequeñas cantidades y en dos o tres ocasiones. Servirá para relajar la temperatura y evitar que se rompa la piel de las fabes y, a la vez, para corregir el volumen de líquido, que nunca tiene que ser más del estrictamente necesario.

Justo cuando las fabes estén casi cocidas, comprobamos la sal y le agregamos la que necesite. Terminamos la cocción y las dejamos reposar un buen rato antes de degustarlas.

Para acompañar, cocemos el lacón desalado en agua hirviendo durante 1 hora. El lacón cocido será un acompañante de nuestra fabada, pero su cocción la realizamos por separado.

ENSALADA DE HABAS A LA CATALANA *DE JOAN ROCA*

PARA LA VINAGRETA DE «CALÇOTS»

45 g de calçots (parte blanca)
25 g de zumo de lima
7 g de sal
60 ml de aceite de oliva virgen extra
2 ml de aceite de guindilla
4 g de guindilla amarilla encurtida
0,5 g de piel de lima

Picamos en brunoise la parte blanca del calçot y las mezclamos en un recipiente junto con el zumo de lima y la sal. Dejamos reposar la mezcla al menos un par de minutos, incorporamos los demás ingredientes y reservamos.

PARA LAS HABITAS PELADAS

500 g de habitas
2 l de agua
15 g de sal

Colocamos en un cazo el agua junto con la sal y lo llevamos a hervir. Escaldamos las habas durante 30 segundos y enfriamos en un baño de agua con hielo. Una vez las habas estén frías, retiramos la piel y las reservamos peladas. Las secamos con papel absorbente de cocina y reservamos.

PARA EL TARTAR DE HABAS

200 g de habas peladas
140 g de vinagreta de calçot

Picamos las habitas peladas en trozos regulares no muy pequeños y los mezclamos con la vinagreta de calçots 10 minutos antes de su emplatado.

PARA LA HABITA FRITA

50 g de habitas con piel
100 g de maicena
1 l de aceite de girasol

Rebozamos con la maicena las habitas con piel. En una olla calentamos el aceite de girasol hasta alcanzar los 140 °C. Hacemos una primera fritura de las habitas rebozadas durante 30 segundos para quitar el exceso de humedad que puedan tener, las colocamos sobre un recipiente con papel absorbente y las reservamos.

Subimos la temperatura del aceite de girasol a 180 °C y volvemos a freír las habitas hasta que nos queden crujientes. Las colocamos nuevamente sobre un recipiente con papel absorbente y las reservamos.

PARA EL PURÉ DE LIMÓN (ALBEDO BLANQUEADO)

250 g de albedo de limón
1,25 l de agua
250 g de azúcar

Introducimos el albedo de limón en un cazo. Agregamos 250 mililitros de agua y 50 gramos de azúcar y lo llevamos a ebullición. Una vez arranque el hervor, lo retiramos del fuego para dejar que se enfríe. Blanqueamos el albedo hasta cuatro veces más empleando 250 mililitros de agua y 50 gramos de azúcar cada vez. Reservamos el albedo de limón, previamente secado concienzudamente, para dejarlo reposar a continuación.

PARA EL REPOSO DEL ALBEDO

250 g de albedo de limón blanqueado
250 g de almíbar TPT

Mezclamos ambos ingredientes y lo dejamos reposar en cámara durante 24 horas. Lo reservamos para elaborar un puré a continuación.

PARA EL PURÉ

250 g de albedo de limón reposado en almíbar TPT
50 g de zumo de limón
35 g de nata
12,5 g de mantequilla

Extraemos el albedo del almíbar y lo introducimos en la Thermomix. Lo trituraramos a 65 °C durante 10 minutos incorporando el zumo de limón, la nata y la mantequilla. Una vez obtenido el puré, lo introducimos en una manga y lo reservamos en cámara hasta el momento del pase.

Nota: Si fuese necesario, aligerar el puré resultante con un poco del almíbar en el que reposó el albedo de limón para obtener una textura cremosa.

PARA EL GEL DE LIMA

100 g de zumo de lima
7,5 g de ralladura de lima
62,5 ml de agua
12,5 g de azúcar
2,5 g de agar-agar

Mezclamos todos los ingredientes y los llevamos a ebullición. Una vez arranque el hervor, lo retiramos del fuego y despumamos. Lo colamos sobre un recipiente para que se enfríe a temperatura ambiente durante 15 minutos. A continuación, lo dejamos gelificar en cámara. Lo trituramos con el túrmix hasta obtener un gel liso y fino, y lo reservamos en un biberón hasta el momento del pase.

PARA EL ACEITE DE HINOJO CON PEREJIL

200 ml de aceite de oliva virgen extra
5 g de semilla de hinojo
75 g de perejil
2,5 g de sal
20 g de parte verde de cebolleta

Cortamos el perejil (hojas y tallos) en juliana.

Por otro lado, calentamos el aceite con las semillas de hinojo a 90 °C, agregamos el perejil y la sal, y removemos. Lo calentamos de nuevo a 90 °C y lo retiramos del fuego. Lo dejamos reposar durante 3 minutos.

A continuación, lo trituramos junto con la parte verde de la cebolleta, previamente troceada y lo pasamos por una estameña y abatimos para conservar el color verde. Justo en el momento del pase, introducimos el aceite resultante en una pipeta.

PARA EL MOLE NEGRO

250 g de chile chilhuacle negro
250 g de chile chilhuacle rojo
250 g de chile seco mulato
250 g de chile seco pasilla
2 tortillas de maíz tostadas
1 kg de manteca de cerdo
2 cebollas grandes peladas y cortadas en rodajas
1 cabeza de ajo pelada y picada
2 plátanos machos pelados y cortados en rodajas
300 g de rebanada de pan brioche
100 g de semilla de sésamo tostado
100 g de cacahuete tostado
100 g de nuez
150 g de almendra
100 g de semilla de calabaza
100 g de uva pasa
2 kg de tomate maduro
1 kg de fisalis
3 g de nuez moscada
1 rama de canela
0,6 g de orégano
0,8 g de tomillo
0,5 g de mejorana
1 g de anís en grano
2 g de comino en grano
5 clavos de olor
5 granos de pimienta de Jamaica
250 g de chocolate de metate
100 g de azúcar
6 hojas de aguacate asadas
1 cucharada sopera de agua
1 cucharada sopera de sal

Asamos los chiles y los despepitamos. Reservamos las semillas y las quemamos a la brasa; las ponemos en remojo para eliminar el amargor.

Por otro lado, introducimos los chiles en agua caliente durante 10 minutos. Acto seguido, los extraemos y sumergimos en agua fría durante 30 minutos. Reservamos tanto los chiles como sus semillas.

Fundimos 500 gramos de la manteca de cerdo en una sartén. Le agregamos las cebollas y rehogamos. Sin dejar de sofreír el conjunto, incorporamos el ajo, los plátanos, el pan brioche, las semillas de sésamo, los cacahuetes, las nueces, las almendras, las semillas de calabaza y, por último, las uvas pasas. Reservamos el sofrito resultante.

En un cazo, disponemos el tomate maduro y los fisalis. Lo cubrimos todo con agua y lo ponemos a punto de sal para llevarlo a ebullición. Una vez arranque el hervor, lo cocemos durante 5 minutos. Acto seguido, lo retiramos del fuego y lo trituramos. Después lo colamos y lo reservamos junto al agua de la cocción.

Trituramos los chiles y sus semillas con las tortillas de maíz. El resultado lo colamos y mezclamos con las especias y con el sofrito anterior. Pasamos la mezcla a una olla grande con los 500 gramos restantes de manteca de cerdo y sofreímos el conjunto. Le incorporamos la mezcla anterior de tomate y fisalis, así como 1 litro del agua resultante de su cocción y lo llevamos a ebullición.

Una vez arranque el hervor, lo cocemos durante 20 minutos. Transcurrido ese tiempo, añadimos el chocolate, el azúcar y las hojas de aguacate y lo dejamos cocinar a fuego lento durante un mínimo de 90 minutos, removiendo constantemonte para que el mole resultante no se adhiera a la base de la olla. Lo reservamos para aliñar a continuación.

PARA EL MOLE NEGRO ALIÑADO

100 g de mole negro
30 g de salsa de soja fermentada

Mezclamos ambos ingredientes y los introducimos en una manga. Lo reservamos hasta el momento del pase.

PARA LOS DADOS DE BUTIFARRA NEGRA

200 g de butifarra negra
60 ml de aceite de oliva virgen extra

Pelamos la butifarra negra y la cortamos en dados de 0,5 por 0,5 centímetros por lado. Calentamos una sartén con el aceite de oliva virgen extra y salteamos los dados de butifarra negra hasta que obtengan un color ligeramente dorado y lo reservamos.

ACABADO

1 pétalo de flor de haba (*Vicia faba*)
2 hojas de menta
1 cucharada sopera de ralladura de piel de lima
1 hoja de haba tierna

Dosificamos en el centro de la hoja tierna de haba tres puntos de mole negro aliñado alternados con dos más de gel de lima. Ubicamos sobre el conjunto una cucharada de tartar de habas y tres daditos de butifarra negra. Realizamos tres puntos de puré de limón alrededor del tartar y coronamos el conjunto con unas hojas de menta fresca, un pétalo de flor de haba y gotas de aceite de hinojo con perejil. Finalizamos con un poco de ralladura de piel de lima y la habita frita.

ARROZ BURGUÉS: CAMISA DE PICHÓN, «BOLETUS EDULIS», «FOIE GRAS» Y TRUFAS

PARA EL CALDO DE COCCIÓN

1 cebolla de Figueres
1 ajo
6 tomates maduros
1 chirivía
1 zanahoria
1 puerro
1 nabo
2 kg de carcasas de pollo
1,5 kg de carcasas, cuellos y recortes de pichón

Asamos las carcasas y los recortes aliñados con aceite al horno a 180 °C hasta que esté el conjunto bien dorado. Sofreímos las verduras limpias y troceadas con aceite de oliva en una olla. Añadimos los tomates y el ajo, asados al horno, y los aromatizantes. Ponemos las carnes asadas y cubrimos de agua, de 5 a 6 litros, y dejamos hervir a fuego lento durante 2 horas.

PARA AROMATIZAR EL CALDO

1 tomate seco
1 hoja de laurel
2 dl de vino blanco seco
1 dl de vino de Oporto

Nota: Para aportar sabor, tenemos la opción de añadir un poco de soja una vez filtrado el caldo, unos 25 mililitros de soja por 1 litro de caldo.

Para la salsa de pichón, solo tenemos que reducir 1 litro de caldo hasta obtener unos 2 decilitros, luego ligamos con un poco de almidón y de mantequilla.

PARA EL SOFRITO

8 escaloñas
120 g de hongos *Boletus edulis* (hongo blanco)
30 g de mantequilla
sal
pimienta

Cortamos la escaloña en brunoise muy pequeña y la pochamos con la mitad de la mantequilla. Cuando la escaloña esté transparente, le añadimos los hongos en dados pequeños regulares y el resto de la mantequilla. Doramos ligeramente el conjunto y terminamos rectificando de sal y pimienta.

PARA EL «CARPACCIO» DE PICHÓN

Deshuesamos el pichón intentando que quede entero. Lo marcamos en la brasa o en la sartén, dorando solo la piel y manteniendo las carnes crudas. Hacemos rulos con cada pichón dejando la piel en la parte externa con la ayuda de un film de cocina y congelamos.

Para servir el plato, cortamos encima de papel film de cocina untado con aceite el carpaccio de pichón en la máquina de embutido bien fino, dando una forma rectangular que se pueda enrollar bien con la cantidad de arroz deseada.

PARA EL ARROZ

el sofrito (elaboración previa)
100 g de foie gras en dados de 1,5 mm
300 g de arroz tipo bomba
1 l de caldo de pollo y pichón
un poco de mantequilla
sal
pimienta

Introducimos el sofrito en una sartén amplia a fuego medio y, cuando empieza a bailar, incorporamos el arroz. Rehogamos 1 minuto el arroz y añadimos el caldo. Subimos el fuego y, cuando hierva, lo bajamos al mínimo. Lo cocemos tapado o al horno clásico a 180 °C durante 16 minutos.

En una sartén aparte bien caliente doramos con rapidez el foie gras aliñado con sal y pimienta y, terminada la cocción del arroz, se lo agregamos mezclando bien.

Dejamos el arroz tapado un par de minutos sin calor añadido para que repose y termine de cocerse el foie gras. Servimos sin demora.

MONTAJE

el arroz reposado
setas al gusto salteadas, preferiblemente hongos frescos
jugo de pichón reducido
lascas de parmesano
aceite de oliva
brotes de rúcula selvática

Enrollamos cada ración de arroz bien caliente con el carpaccio de pichón a temperatura ambiente formando un canelón y lo disponemos en los platos. Salseamos con jugo de pichón y terminamos con unos brotes de rúcula, unas lascas de parmesano y un hilo fino de aceite de oliva.

ARROZ DE BOGAVANTE Y «FOIE GRAS» CON BROTES MARINOS

PARA EL FONDO DE BOGAVANTE

1 kg de cabezas y cáscaras de bogavante, gamba roja y cigalas
1 kg de morralla de pescados de roca
100 ml de brandi o coñac
2 cebollas de Figueres de buen tamaño
1 cabeza de ajo morado
2 puerros
1 zanahoria de buen tamaño
200 g de apionabo
3 tomates maduros
100 g de pasta de tomate concentrado
2 l de agua mineral
sal
pimienta blanca

Rehogamos las cabezas y cáscaras de marisco troceadas (sin tostarlas en exceso porque amargarían el caldo), añadimos el brandi o el coñac y lo cocemos hasta que se evapore. Reservamos las cáscaras en otro recipiente.

En la misma olla, doramos la cabeza de ajo partida por la mitad y con piel, agregamos la cebolla cortada en mirepoix y continuamos rehogando hasta que esta se dore. Agregamos la zanahoria, el apionabo y los puerros también en mirepoix y seguimos dorando las verduras un par de minutos. Agregamos los tomates maduros troceados, sazonamos el conjunto con sal y pimienta, y rehogamos 5 minutos más.

Añadimos el tomate concentrado, removemos, incorporamos las cabezas de marisco que habíamos dorado y la morralla, y lo cubrimos todo con el agua. Calentamos la olla hasta que comience a salir espuma, bajamos el fuego y retiramos la espuma con ayuda de una espumadera. Cocemos el caldo a borbotones suaves durante 15 o 20 minutos. Lo tapamos y lo dejamos infusionar unos 30 minutos. Por último, colamos el fondo pasándolo por un colador muy fino.

PARA LA SALMORRETA

2 dientes de ajo morado
1 ñora remojada y despepitada
60 g de tomate pelado, despepitado y troceado
15 hojas de perejil
1 g de pimentón de la Vera dulce
0,5 g de pimentón de la Vera picante

Doramos los ajos bien picados en aceite de oliva suave y los retiramos de la sartén. Agregamos la ñora en el mismo aceite, dejamos que tome color y desprenda el aroma y la retiramos. Añadimos el perejil, lo freímos rápidamente y lo retiramos también.

Volvemos a poner los ajos en la sartén, incorporamos los pimentones y removemos deprisa; añadimos la ñora y luego los tomates y el perejil. Cocemos lentamente como si de un sofrito se tratara, hasta que tenga un color rojo intenso. Lo trituramos con un túrmix, agregando aceite si fuese necesario. Debe quedar una pasta más bien densa y muy sabrosa. La colamos y la envasamos.

PARA EL ARROZ

500 g de arroz bomba o carnaroli
6 escaloñas
½ pimiento rojo
200 ml de vino blanco seco
50 g de salmorreta
1 l de fondo de bogavante (cantidad aproximada)

Pochamos con un poco de aceite las hortalizas picadas muy menudas. Agregamos el arroz y lo salteamos a fuego un poco más fuerte para sellarlo. Vertemos el vino blanco seco y lo dejamos evaporar. Cubrimos el arroz con un poco de fondo de bogavante e incorporamos la salmorreta. Cocemos el arroz a fuego medio y vamos añadiendo caldo a medida que lo necesite.

Cuando tengamos el arroz cocido, le agregamos la grasa que haya podido soltar el foie gras y lo amalgamamos como si de un risotto se tratara. Lo dejamos reposar un par de minutos antes de servirlo.

PARA EL «FOIE»

1 lóbulo grande de foie fresco extra de 350 g

Colocamos el foie en un recipiente con agua fría y un puñado de sal para desangrarlo durante un par de horas. Lo cortamos en raciones de 50 g.

PARA EL BOGAVANTE

1 bogavante de entre 600 y 800 g

Cocemos durante 2 minutos el cuerpo y 4 minutos las pinzas en agua salada. Paramos la cocción rápidamente sumergiendo el bogavante en agua helada. Lo pelamos y lo cortamos en medallones. Reservamos las carnes para terminar el plato, y la cabeza y las cáscaras para el fondo.

MONTAJE

1 cucharada sopera de aceite de oliva
1 cucharada sopera de mantequilla
brotes de salicornia y ramallo de mar
cebollino picado
sal

Doramos las raciones de foie en una sartén bien caliente y las dejamos reposar 5 minutos en un lugar cálido, a 50 °C, reservando toda la grasa que suelten para terminar con ella el arroz.

Doramos los medallones de bogavante con un poco de mantequilla, los salamos ligeramente y los reservamos igual que el foie, con la intención de que el crustáceo quede apenas un poco cocido, pero se mantenga caliente hasta el momento de servirlo.

Repartimos el arroz en platos hondos, agregamos el foie asado cortado por la mitad, los medallones de bogavante, los brotes de algas y el cebollino.

Nota: Podemos elaborar esta receta con otros crustáceos, como cangrejos y langostinos. Si queremos hacerlo solo con gambas, sencillamente preparamos el caldo con cangrejos y las cabezas de las gambas, y terminamos el plato añadiendo las colas de estas al final de la cocción del arroz.

LOS MACARRONES DE MI INFANCIA

500 g de macarrones
750 g de sofrito de tomate
250 g de tomate de colgar rojo, maduro, bien rallado
125 g de cebolla de Figueres
80 g de zanahoria limpia
150 g de presa ibérica picada a máquina
200 g de espaldilla de ternera picada a máquina
180 g de parmesano rallado fino (100 g dentro y 80 g encima)
50 ml de vino rancio
35 ml de aceite de oliva virgen
150 ml de leche entera
1 diente de ajo
1 hoja de laurel
orégano
sal
pimienta negra

Primero, picamos el ajo y la cebolla en cuadraditos muy pequeños y los sofreímos en una buena cazuela antiadherente con el aceite hasta que empiece a estar transparente. Ponemos entonces la zanahoria picada también pequeñita, a 2 o 3 milímetros. Pochamos hasta que todo esté tierno durante unos 10 minutos más a fuego medio. Echamos seguidamente el tomate rallado y sofreímos bien hasta que el sofrito adquiera un color rojo intenso y vuelva a salir el aceite.

Añadimos las carnes picadas y vamos removiendo a fuego vivo mientras se van cocinando y hasta que cambie de color. Comenzamos en este punto a cocer los macarrones en agua muy caliente, a la que añadimos sal y una hoja de laurel. Dejamos el tiempo que indique el fabricante; aproximadamente 8 minutos.

Seguimos cociendo las carnes hasta secar el conjunto y vertemos el vino rancio y reducimos de nuevo. Agregamos orégano al gusto, la leche y 1 decilitro de agua de cocer los macarrones. Cuando el guiso tome un poco de consistencia, añadimos el queso y los macarrones cocidos. Rehogamos los macarrones y los mezclamos bien hasta integrar todo el conjunto y hasta que la pasta esté lista.

Si queremos, los podemos gratinar en el horno con el queso que más nos guste en vez de rehogarlos al final en el fuego.

LOS CANELONES DE MI MADRE

2 kg de espaldilla de ternera o jarrete en dados grandes
1 kg de cabecero de lomo de cerdo
700 g de contramuslos de pollo
700 g de cebolla de Figueres
30 g de ajos
600 g de tomate maduro pelado
100 ml de coñac
300 ml de vino rancio
150 g de miga pan de payés sin corteza del día anterior
1 l de leche
aceite de oliva virgen
sal
pimienta negra
masa de canelones (unas 80 placas)

En una sartén con un poco de aceite de oliva, preparamos primero un sofrito, pochando muy bien los ajos y las cebollas picadas hasta que el conjunto esté blandito y tenga un buen color dorado. Añadimos los tomates pelados y rallados, salpimentamos y dejamos sofreír a fuego suave hasta concentrar bien el tomate y ver que el aceite vuelve a salir.

Mientras se hace el sofrito, en una cazuela amplia con un poco de aceite y a fuego vivo, doramos todas las carnes en cortes grandes y regulares, de 3 a 4 centímetros. Cuando las carnes estén doradas, desglasamos con los licores y añadimos el sofrito. Damos un par de vueltas al conjunto y agregamos el pan y la leche. Si vemos que no queda cubierto de líquido, podemos cubrirlo con un poco de agua o caldo. Recuperamos el hervor del guiso y bajamos la temperatura hasta lograr que se vaya cocinando todo a pequeños borbotones. Guisamos de unos 45 minutos a 1 hora, hasta que el conjunto pierda la humedad y esté cremoso. Rectificamos de sal o pimienta si fuera necesario y, terminada la cocción, lo sacamos hasta que se temple. Lo reservamos en la nevera hasta el día siguiente.

Para hacer los canelones, cocemos las placas de pasta en abundante agua salada y las enfriamos en agua con hielo. Pasamos el guiso elaborado el día anterior por la picadora de carne y rellenamos una manga pastelera sin boquilla con la farsa que obtenemos bien mezclada.

Disponemos las placas de pasta intercaladas sobre trapos de cocina muy limpios y los rellenamos con la farsa. Cerramos los canelones y ya los podemos colocar directamente en una fuente de horno engrasada con mantequilla.

PARA LA BECHAMEL

1 l de leche de vaca
50 g de mantequilla
50 g de harina
50 ml de brandi o vino rancio
12 g de sal (medida aproximada)
2 o 3 g de pimienta blanca (medida aproximada)
nuez moscada

En una cazuela a fuego medio, preparamos una roux clásica, cociendo la mantequilla con la harina tamizada. La cocción será de unos pocos minutos, lo justo para que la harina pierda la crudeza y se integre bien con la mantequilla. La dejamos reposar fuera del fuego y hacemos hervir la leche. Cuando la tengamos, ponemos de nuevo la cazuela con la roux en el fuego, añadimos sal, pimienta y nuez moscada recién rallada y vamos incorporando la leche poco a poco con la ayuda de unas varillas y a fuego medio. Cuando la bechamel esté formada, rectificamos si fuera necesario, perfumamos con el licor y la pasamos por un colador antes de cubrir con ella nuestros canelones.

Nota: De esta receta base siempre preparamos la necesaria para cubrir bien nuestros canelones, según el tamaño de la fuente y la cantidad de piezas.

MIS CANELONES DE ASADO CON BECHAMEL DE CABRA, HONGOS, «FOIE GRAS» Y TRUFAS

PARA EL ASADO

1 kg de jarrete de ternera
500 g de presa ibérica
300 g de contramuslos de pollo
agua mineral
aceite de oliva
sal
pimienta blanca

Colocamos las carnes sazonadas y enteras en distintas fuentes de asar con un poco de aceite de oliva y las introducimos en el horno precalentado a 200 °C con calor ventilado.

Asamos hasta que la superficie de las carnes esté dorada y les damos la vuelta. Una vez bien asadas, pasamos las distintas carnes a una fuente nueva. Colocamos la fuente de asar en el fuego y las desglasamos con agua. Recuperamos y reservamos todos los jugos del asado.

PARA EL GUISO

carnes asadas
jugos del asado desglasados
250 hongos frescos
15 g de ajos
300 g de cebolla de Figueres
300 g de tomate maduro pelado
2 dl de coñac
75 g de miga pan de payés sin corteza del día anterior
6 dl de leche
caldo de carne asada (véase el recetario básico)
300 g de foie gras de pato fresco
aceite de oliva virgen
sal
pimienta negra
placas de lasaña fina

En una sartén con un poco de aceite de oliva, preparamos primero un sofrito, pochando muy bien los ajos y las cebollas picadas hasta que el conjunto esté blandito y tenga un buen color dorado. Añadimos los tomates pelados y rallados, salpimentamos y dejamos sofreír a fuego suave hasta concentrar bien el tomate y ver que el aceite vuelve a salir.

Mientras se hace el sofrito, en una cazuela amplia con un poco de aceite y a fuego vivo, doramos los hongos cortados en dados regulares. Cuando las setas estén doradas, agregamos el sofrito y las carnes asadas cortadas en dados de 3 a 4 centímetros. Damos un par de vueltas al conjunto e incorporamos el pan, la leche, los jugos del asado y el brandi que hemos reducido a la mitad. Si vemos que el conjunto no queda cubierto de líquido, podemos terminar de cubrirlo con un poco de caldo de carnes asadas si fuera necesario. Guisamos de 45 minutos a 1 hora, hasta que pierda la humedad y esté cremoso. Rectificamos de sal o pimienta si fuera necesario y, terminada la cocción, sacamos hasta que se temple. Reservamos en la nevera hasta el día siguiente.

Para hacer los canelones, primero marcamos el foie gras salpimentado en una sartén bien caliente, cortado en rodajas de 2 centímetros. Cuando esté bien asado, lo dejamos enfriar un poco y lo añadimos al guiso del día anterior. Pasamos el conjunto por la picadora de carne y rellenamos una manga pastelera sin boquilla con la farsa que obtenemos bien mezclada.

Cocemos placas de pasta de lasaña fina en abundante agua salada y las enfriamos en agua con hielo. Una vez cocidas, las secamos y las cortamos en rectángulos de 16 por 10 centímetros.

Colocamos las placas de pasta intercaladas sobre trapos de cocina muy limpios y los rellenamos con la farsa. Cerramos los canelones y ya los podemos colocar directamente en una fuente de horno engrasada con mantequilla.

PARA LA BECHAMEL DE CABRA

1,2 l de leche de cabra
100 g de queso tipo rulo de cabra
50 g de mantequilla
50 g de harina
60 ml de brandi o vino rancio
15 g de sal (medida aproximada)
2 o 3 g de pimienta blanca (medida aproximada)
nuez moscada
25 ml de aceite de trufa (véase el recetario básico)

En una cazuela a fuego medio, preparamos una roux clásica, cociendo la mantequilla con la harina tamizada. La cocción será de unos pocos minutos, lo justo para que la harina pierda la crudeza y se integre bien con la mantequilla. La dejamos reposar fuera del fuego y hacemos hervir la leche de cabra. Cuando la tengamos, colocamos de nuevo la cazuela con la roux en el fuego, añadimos sal, pimienta y nuez moscada recién rallada y vamos vertiendo la leche poco a poco con unas varillas, a fuego medio. Cuando la bechamel esté formada, rectificamos si fuera necesario, perfumamos con el licor, añadimos el queso de cabra y el aceite de trufa y trituramos con un robot hasta obtener una bechamel fina. La pasamos por un colador y la reservamos hasta el pase. Para calentar nuestra bechamel utilizamos un baño maría.

PARA TERMINAR I

canelones formados colocados
bechamel suficiente
queso parmesano
aceite de trufa (véase el recetario básico)
hojas de rúcula
trufa negra
láminas de amanitas crudas u hongos muy frescos

Cubrimos dos canelones por persona con una buena cantidad de bechamel y de queso parmesano rallado.

Colocamos nuestros canelones en la parte media del horno y los dejamos el tiempo justo para que se forme un buen gratinado en su superficie.

En el plato, ponemos los canelones encima de una cucharada generosa de bechamel, echamos unas virutas de buen parmesano, hojas de rúcula selvática aliñadas y terminamos con un hilo de aceite de trufa y láminas finas de trufa fresca y setas crudas aliñadas.

PARA TERMINAR II

canelones formados colocados en fuente de horno engrasada
bechamel suficiente
queso mozzarella para gratinar

Encendemos el gratinador del horno y dejamos que coja temperatura. Cubrimos nuestros canelones con una buena cantidad de bechamel, unos daditos de mantequilla y de queso mozzarella rallado al gusto.

Colocamos nuestros canelones en la parte media del horno y los dejamos el tiempo justo para que se forme un bonito gratinado en su superficie... ¡Y a disfrutar!

GUISANTES LÁGRIMA CON JUGO DE CHIPIRÓN Y ALHOLVA *DE JOSEAN MARTÍNEZ ALIJA*

PARA EL ACEITE DE VAINAS DE GUISANTE

100 g de vainas de guisante
100 ml de aceite de oliva kalamata

Lavamos, escurrimos bien y troceamos toscamente las vainas de guisante. Las introducimos en una bolsa de vacío junto con el aceite de oliva kalamata y las cocinamos en un horno al vapor a 100 °C durante 60 minutos. Pasado ese tiempo, las colamos en una superbag apretando hasta que no salga nada de líquido. Decantamos y reservamos el aceite, desechando el agua resultante, y las reservamos en cámara hasta su uso.

PARA LOS GUISANTES

350 g de guisante seleccionado

Reservamos las vainas de guisante para otros usos. Cocinamos los guisantes colocándolos en una malla metálica aliñados con un poco de sal fina, azúcar y unas gotas de aceite de vainas de guisante. Los ponemos en una brasa hecha con madera de encina y los sahumamos aproximadamente durante 1 o 2 minutos. Vamos probando. Una vez cocinados, los rectificamos de sal y azúcar.

PARA LAS ESFERAS DE CHIPIRÓN Y ALHOLVA

100 g de caldo de chipirón y alholva
0,2 g de xantana
1 g de gluco
500 g de baño de alginato
jugo de chipirón
400 g de chipirón limpio en brunoise
250 g de guisante seco rehidratado de la noche anterior
250 g de fumet de merluza
25 g de pimiento verde
15 g de tomate concentrado
40 g de sake
30 g de vino blanco
150 g de cebolla roja
6 g de ajo picado
30 ml de aceite de oliva
30 g de coñac

Cortamos la cebolla roja y el pimiento verde en brunoise. En una olla a presión sin tapa, calentamos el aceite de oliva, echamos la cebolla roja y la dejamos pochar durante 20 minutos. Agregamos el pimiento y el ajo y los estofamos durante 20 minutos más. A continuación, incorporamos el chipirón, rehogamos bien y vertemos el coñac, el vino blanco y el sake, y reducimos a seco. Por último, añadimos el fumet de merluza, el guisante seco, el tomate concentrado y cerramos la tapa.

Lo cocinamos durante 45 minutos desde que empieza a hervir. Pasado ese tiempo, abrimos la tapa y colamos el jugo obtenido con la superbag. Lo envasamos en bolsas de vacío grandes y lo congelamos para clarificar por sinéresis.

JUGO DE CHIPIRÓN Y ALHOLVA

200 g de jugo de chipirón
5 g de alholva

Hervimos el caldo con las semillas, cocinándolo a fuego suave y tapado con film durante 5 minutos. Pasado ese tiempo, lo retiramos del fuego y lo dejamos infusionar durante 5 minutos. Lo colamos, rectificamos de sal y lo dejamos enfriar.

BAÑO DE ALGINATO

500 ml de agua
2,5 g de alginato

Ponemos los ingredientes en un recipiente, disolvemos bien el alginato en el agua con la ayuda de un túrmix. Colamos, quitamos el aire con la envasadora y lo reservamos en cámara hasta su uso.

Mezclamos en un recipiente el caldo de chipirón y alholva, el gluco y la xantana y disolvemos los polvos con la ayuda de un túrmix. Colamos la mezcla y la repartimos en moldes de medias esferas de 8 gramos (molde lleno) y las congelamos.

Una vez congeladas, desmoldamos las medias esferas y las introducimos en el baño de alginato durante 1 minuto y 30 segundos. Pasado ese tiempo, las sacamos con mucho cuidado para no romperlas y las lavamos en un poco caldo de chipirón.

MONTAJE

guisantes seleccionados
esferas de chipirón y alholva

Ponemos en un plato hondo un aro y lo rellenamos con los guisantes recién asados, colocamos la esfera de chipirón bien caliente en el centro y servimos de inmediato. Invitamos al comensal a romper la esfera para mezclarla con los guisantes.

PAN RÚSTICO DE MASA MADRE

1 kg de harina panificable
550 ml de agua
25 g de sal
5 g de levadura
600 g de masa madre líquida

Para obtener cinco piezas, colocaremos un bol de trabajo para masas en nuestro robot de pastelería junto con el gancho de espiral para masas. Introduciremos la harina con la levadura tamizada, incorporaremos el agua de afinado en un chorrito y trabajaremos hasta formar una masa elástica.

Haremos un primer mezclado de unos 3 minutos en el modo correspondiente a la primera velocidad. A continuación, procederemos al amasado otros 5 minutos, esta vez a segunda velocidad. Tendremos cuidado de que la temperatura de la masa sea de 23 °C.

Al cabo aproximadamente de 1 hora y 30 minutos habremos obtenido la primera fermentación. Dejaremos que la masa continúe el proceso otras 12 horas a 3 °C, pero incluyendo el solapado tras 1 hora y 30 minutos.

Para el moldeado, dispondremos la masa sobre un lienzo y la doblaremos en dos pliegues para obtener una pieza alargada. La envolveremos en una buena capa de harina, asegurándonos de que quede bien firme.

La dejaremos reposar 1 hora más, aproximadamente.

Después, procederemos al cortado con un cuchillo. Haremos cinco triángulos del mismo tamaño, los dispondremos luego sobre una cama enharinada con el corte en bisel y el pliegue hacia arriba.

Dejaremos la masa otros 30 minutos para que proceda a la fermentación final.

Para la cocción, introduciremos la masa en un horno de solera durante 35 minutos a una temperatura de 250 °C y, una vez esté cocida, la dejaremos enfriar sobre una rejilla.

NUESTRO PAN NATURAL SIN GLUTEN

LAS HARINAS SIN GLUTEN

Las harinas son las que aportan las cualidades sensoriales de nuestro pan —color, aroma y sabor—, ya que los almidones son blancos y de sabor neutro, y también retienen más agua, con lo que el pan no se seca tan rápido, y aumentan el valor nutricional.

Cada harina es diferente: las hay que nos dan migas más pegajosas y alvéolos más grandes. Otras, migas más secas con alvéolos pequeños. Unas son neutras de sabor y otras tienen uno intenso.

Para hacer pan que se parezca al elaborado con harina de trigo, daremos prioridad a las harinas de sabor neutro, como la de avena, arroz integral, etc., y utilizaremos las de sabor intenso, como trigo sarraceno o garbanzo, en pequeñas cantidades.

Para hacer una buena harina sin gluten, la parte más importante será la formada por los almidones, ya que normalmente ocupan un porcentaje alto en la formulación de nuestra harina.

Los almidones que empleemos determinarán, sobre todo, la estructura de nuestra miga. Cuanto mayor sea la cantidad de almidón, más esponjoso el pan, aunque menor el valor nutricional. Al igual que hay harinas más pegajosas que otras, hay almidones más pegajosos que otros. Yo los divido en dos grupos para que sea más fácil de entender: secos y húmedos.

Los almidones húmedos quedan pegajosos al cocerse. Nos proporcionan una miga elástica y una corteza fina y crujiente. Entre ellos, tenemos el almidón o fécula de patata, la tapioca. Cuando los almidones proceden de tubérculos, se les suele también llamar féculas.

Los almidones secos, por su parte, quedan sueltos al cocerse y secos al tacto. Nos proporcionan volumen en el pan y migas más sueltas. Entre ellos, tenemos el almidón de arroz, maíz (enlace) y trigo sin gluten.

Se trata de encontrar un equilibrio entre ambos para que nos den una miga esponjosa y elástica sin resultar pegajosa.

Para obtener cualidades similares a las del pan de trigo, combinaremos almidones de ambos grupos, que nos den una miga elástica pero seca al tacto, y una corteza fina y que no se agriete.

- *Para panes blancos comunes podemos usar aproximadamente un 60 o 70 % de almidón.*
- *Para panes más esponjosos (sándwich, hamburguesa...) podemos llegar al 95 %.*

Los almidones que podemos usar en cantidad ilimitada son los secos: el almidón de maíz, de trigo certificado sin gluten, de arroz, el arrurruz...

Los mejores resultados se consiguen con una combinación de ambos, pero, si no disponemos de almidones húmedos (almidón de patata o tapioca), emplearemos únicamente almidones secos.

¿CUÁNTO ALMIDÓN SE DEBE UTILIZAR?

De nuevo, depende. Cuanto mayor sea el volumen y la esponjosidad que se busca obtener, mayor será el porcentaje.

De forma orientativa, podemos utilizar los siguientes porcentajes de almidones (sobre el peso total de harinas):

- *0 % para panes integrales.*
- *de 30 a 40 % para hogazas.*
- *de 60 a 70 % para panes blancos.*
- *80 a 100 % para el pan francés (sándwich, hamburguesa...).*

Hay que tener en cuenta que cuanto más almidón lleve, más tierna y seca es la miga al tacto, pero menor es el valor nutricional del pan y el tiempo que dura tierno, y que, cuanto menos almidón, por el contrario, mayor es el valor nutricional y el tiempo que dura el pan tierno, pero más densa es la miga.

Para terminar nuestra harina sin gluten, necesitamos añadir elementos que tengan un efecto parecido al que nos proporciona el gluten en la elaboración del pan. Aunque hay sustitutos muy diversos, las mejores opciones son:

- *1-2 % de psylium husk + 2 % de goma guar*
- *3-4 % de psyllium husk*
- *3 % de goma xantana*

DOS EJEMPLOS DE HARINAS CASERAS PANIFICABLES

PARA LA HARINA PANIFICABLE SENCILLA

510 g de harina de arroz blanco
230 g de harina de amaranto o harina de avena
120 g de harina o fécula de tapioca
120 g de fécula de patata
20 g de goma de xantana

Combinamos todos los ingredientes y los mezclamos con un batidor de varillas para integrarlos perfectamente. Lo reservamos en un contenedor con cierre hermético en un lugar seco y alejado de la luz del sol.

Esta harina nos durará hasta 6 meses almacenada si la conservamos en las condiciones óptimas. Pero, como cualquier otra harina, podría ponerse rancia. Lo mejor es siempre probarla antes de su uso. Probaremos una pizca en crudo; si el gusto es ligeramente dulce, la harina se ha conservado correctamente.

PARA LA HARINA PANIFICABLE COMPLEJA

900 g de almidón de trigo certificado sin gluten
300 g de almidón de tapioca
300 g de harina de arroz integral
300 g de trigo sarraceno
200 g de fécula de patata
15 g de psyllium Husk
15 g de goma guar
30 g de dextrosa

El procedimiento que hay que seguir es el mismo que para la harina panificable sencilla.

PARA PREPARAR NUESTRO PAN SIN GLUTEN

1 kg de harina panificable (o harina sin gluten)
900 ml de agua
100 g de masa madre
30 g de levadura prensada
60 g de mantequilla ahumada o normal o aceite de oliva en su defecto
25 g de sal
45 g de azúcar de flor de coco

En 800 ml de agua añadiremos la sal y el azúcar y mezclaremos bien. Los 100 ml restantes los calentaremos a 40 °C y añadiremos la levadura. Pasados 5 minutos, también la masa madre.

En el robot de amasar colocaremos la harina y el gancho, y poco a poco incorporaremos el agua. Cuando la masa empiece a tomar forma, añadiremos la mezcla de levadura y la masa madre. Acto seguido, incorporaremos la mantequilla ahumada atemperada y el resto del agua. Dejaremos amasar bien la mezcla con el gancho durante unos 15 minutos a una velocidad de 3-4, hasta que la masa esté homogénea y flexible.

Colocaremos la masa en bloque en un recipiente hermético y dejaremos que fermente en un lugar cálido hasta doblar su volumen.

Una vez completado el proceso de fermentación, bolearemos la masa en raciones de 300 g dándole forma muy suavemente con la ayuda de un poco de harina y dejándola en moldes de 15 por 7 centímetros forrados con papel antiadherente. Dejaremos reposar unos 20 minutos tapados con papel de aluminio hasta que vuelvan a tomar volumen y hornearemos.

Para hornear, marcaremos la masa con una cuchilla haciendo una cruz, vaporizaremos un poco de agua por encima de la masa y taparemos el molde con aluminio para conservar la humedad durante la cocción.

Una vez el pan esté listo en los moldes, le daremos tres cocciones:

1. Desarrollo del pan: horno mixto, a 220 °C, 30 % de humedad y sin aire durante 15 minutos.
2. Deshidratación del pan y formación de la corteza: horno seco, a 220 °C, 0 % de humedad y sin aire durante 30 minutos.

   Hasta aquí habremos obtenido nuestro pan precocinado, que podemos congelar y sacar cuando sea preciso.
3. Última cocción a 200 °C en seco durante 20 minutos.

Como nota final, es muy importante mantener la zona de trabajo y las herramientas que utilizamos extremadamente limpias y sin nada de harina que pueda contaminar el pan sin gluten. Es imprescindible que el horno también esté perfectamente limpio y libre de contaminación por otros horneados con harinas con gluten.

«RIGATONI» LUCIANO CON CARABINEROS

PARA EL CALDO DE CARABINEROS

1,5-2 kg de carabineros
1,2 l de agua
1 ramita de apio
1 cebolla mediana
1 zanahoria
3 ajos
1 blanco de puerro
30 g de raíz de jengibre fresca
1 cayena pequeña
1 hoja de laurel
100 g de salsa de tomate
2 dl de vino blanco seco
sal
pimienta blanca

Pelaremos los carabineros, reservando las carnes para cuando terminemos el plato, y las cáscaras y cabezas para el caldo.

Tostaremos las cáscaras y cabezas de los carabineros en una cazuela amplia hasta que tomen color y desglasaremos con la mitad del vino blanco. Reservaremos. Asaremos las verduras cortadas regulares con un hilo de aceite hasta que estén ligeramente doradas y añadiremos el tomate y la cayena, desglasaremos con vino blanco y añadiremos una hojita de laurel. Cubriremos con el agua y dejaremos que hierva suave durante unos 25 minutos, aproximadamente. Apartaremos del fuego y lo dejaremos atemperar un poco para que infusione. Colaremos y reservaremos.

PARA EL SOFRITO DE CARABINEROS Y PIQUILLOS

1 kg de tomate de colgar
300 g de pimientos de piquillo en conserva a la leña
8 escaloñas
2 ajos
aceite de oliva
sal
pimienta
1 dl de vino blanco seco
fumet de carabineros (receta anterior)

Picaremos el ajo y las escaloñas finas y los pocharemos en una sartén a fuego suave. Escaldaremos los tomates de colgar 30 segundos en agua salada hirviendo y los pelaremos. Los colocaremos partidos por la mitad con un poco de aceite y los asaremos por los dos lados. Cuando tengan un buen tono dorado, los reservaremos. Colocaremos los pimientos de piquillo en una fuente antiadherente de buen tamaño con su propio aceite y formando una sola capa, y los caramelizaremos a fuego suave. Desglasaremos la sartén de los tomates y pimientos con un poco de vino blanco seco. Trituraremos los tomates y los pimientos asados con los jugos de desglasar y los añadiremos al sofrito de las cebollas. Mojaremos con 1 litro de caldo de carabineros y guisaremos unos 45 minutos hasta que nuestro sofrito esté denso y con cuerpo.

PARA EL RAGÚ LUCIANO

500 g de sofrito (receta anterior)
300 g de carne picada de contramuslo de pollo
8 escaloñas
2 ajos
aceite de oliva
sal
pimienta
1 dl de vino blanco seco
1 dl de caldo de pollo
5 dl de caldo de carabinero (receta anterior)

Picaremos el ajo y las escaloñas finas y las pocharemos en una sartén a fuego suave. Añadiremos la carne de pollo y saltearemos a fuego vivo hasta dorar el conjunto. Desglasaremos con el vino blanco y mojaremos con el caldo de carabineros y el de pollo, guisaremos a fuego mínimo hasta que nuestro ragú esté denso y con cuerpo.

PARA LOS «RIGATONI»

rigatoni (150 g/pax.)
queso parmesano reggiano por persona (35 g/pax.)
30 g de queso mozzarella
35 -50 g de colas de carabinero picadas a cuchillo
como un tartar
ragú Luciano (150 g aprox./pax)
1 hoja de laurel
sal

Colocaremos de forma vertical los rigatoni en moldes de pastelería engrasados donde entren muy justos y los espolvorearemos con un poco de parmesano rallado para que se adhieran unos con otros. Mezclaremos en un bol las colas de carabinero con el ragú y colocaremos la mezcla encima de los rigatoni. Con la ayuda de una cuchara, presionaremos hasta introducir toda la mezcla en el interior de los rigatoni. Cubriremos el conjunto con queso mozzarella y parmesano; introduciremos en el horno precalentado a 180 °C entre 15 y 20 minutos.

Sacaremos del horno, desmoldearemos directamente en el plato y terminaremos la receta colocando una colita de carabinero acabada de asar encima de los rigatoni y unas hojas de laurel aliñadas con buen aceite de oliva y escamas de sal marina como decoración.

GUISANTES DEL MARESME CON TRIPITAS DE BACALAO Y TRUFAS

PARA EL JUGO DE BACALAO

150 g de bacalao desmigado y desalado
100 g de blanco de puerro
1 cebolleta
½ ajo
5 dl de agua mineral
40 g de mascarpone
50 ml de vino blanco
25 g de mantequilla fresca

Limpiaremos y picaremos las verduras finas. Pocharemos las verduras en una olla amplia con un hilo de aceite procurando que no cojan nada de color. En otro recipiente, haremos hervir el vino para evaporar el alcohol y lo reduciremos a la mitad, aproximadamente. Cuando tengamos las verduras bien pochadas, añadiremos el bacalao y lo cocinaremos con las verduras hasta que esté cocido. Añadiremos el vino, el agua y el mascarpone. Coceremos durante 15 minutos y lo pasaremos todo por un colador de malla fina. Reservaremos.

PARA LOS GUISANTES

500 g de guisantes floreta del Maresme desgranados
3 escaloñas
1 ajo
1 nuez de mantequilla
150 g de tripas de bacalao desaladas y limpias
250 ml de caldo de bacalao (elaboración anterior)
25 ml de aceite arbequina
pimienta negra
trufa negra
brotes tiernos de guisantes

Pelaremos los guisantes y los reservaremos. Picaremos las escaloñas y el ajo muy fino y lo pocharemos a fuego medio con la mantequilla. Cuando tengamos un ligero tono dorado, añadiremos las tripas de bacalao cortadas en dados de 2 centímetros, un par de roscas de pimienta negra y el caldo de bacalao. Coceremos las tripas a la vez que reducimos el caldo a la mitad. Cuando tengamos el guiso de tripas de bacalao, añadiremos los guisantes y coceremos el guiso un par de minutos. Cuando se temple un poco, añadiremos un hilo de aceite de oliva y le daremos unas vueltas para formar un pilpil. Terminaremos con los brotes de guisantes y unas buenas láminas de trufa negra.

COCINA en CASA con JORDI CRUZ

PESCADOS
PESCADOS
PESCADOS
PESCADOS
PESCADOS
PESCADOS
PESCADOS
PESCADOS
PESCADOS
PESCADOS
PESCADOS

PULPO COCIDO A LA GALLEGA

1 pulpo gallego de primera calidad y buen tamaño

PARA MARINAR

500 ml de aceite de oliva
8 g de pimentón de la Vera dulce
1 g de pimentón de la Vera picante
sal (de unos 12 a 15 g por kg de pulpo)

Limpiamos el pulpo con agua fría, sobre todo el interior de las ventosas, que es donde se acumula la arena. Llevamos una olla con agua a ebullición y lo «asustamos» tres veces, sumergiéndolo en el agua hirviendo y sacándolo de inmediato. Colocamos el pulpo en una fuente de horno con agujeros. Lo cocemos en el horno a vapor a 100 °C durante 50 minutos. Terminada la cocción, sin abrir la puerta del horno, lo dejamos reposar 10 minutos más. Tras comprobar que esté bien tierno, lo dejamos enfriar a temperatura ambiente cubierto con film transparente para que la piel no se seque. Marcamos los tentáculos fríos en una sartén con aceite hasta que adquieran un color ligeramente dorado (este procedimiento no debe llevar más de 2 o 3 minutos, ya que, de lo contrario, la carne del pulpo se secaría). Los dividimos en raciones de 80 gramos. Envasamos cada ración con aceite mezclado con los dos pimentones y las reservamos. Si al cocinar el pulpo en el horno colocamos un recipiente debajo de la fuente con agujeros, podremos recuperar un agua que puede servir para muchas elaboraciones, por ejemplo, un arroz.

Si no queremos cocer el pulpo al vapor y nos decantamos por la cocción tradicional, llevaremos abundante agua a ebullición en una olla (sin sal). Cuando el agua hierva, cogemos el pulpo con unas pinzas y lo metemos y sacamos del agua tres veces, manteniéndolo en el agua hirviendo 2 o 3 segundos: así conseguimos que no se rompa la piel. Después de la tercera vez, dejamos el pulpo en el agua hirviendo. El tiempo de cocción total depende del tamaño de este: si pesa unos 2 kilos, tardará entre 30 y 35 minutos; si pesa 1 kilo y medio, puede estar listo en 25 minutos, y si pesa 3, puede llegar a tardar 45 o 50 minutos. Para saber si está listo, podemos apretarlo por la parte más gruesa de los tentáculos: tiene que ceder a la presión sin dejar de tener una cierta textura de músculo. Lo dejamos reposar 10 minutos en el agua caliente, ya apagada, antes de cortarlo con unas tijeras en trozos de aproximadamente 1-2 centímetros, más cortos en la parte donde el tentáculo es más grueso y más largos donde es más fino.

Nota: Para esta receta lo mejor sería hacernos con un auténtico pulpo gallego, de carne muy sabrosa y con sabor a las aguas bravas del Atlántico. Es posible congelarlo para cocinarlo sin problemas o bien comprarlo ya congelado, pero siempre controlando que el pulpo proceda de Galicia y que haya sido pescado en su mejor momento. La mejor época para comprarlo es en verano. Se puede congelar, como hemos comentado, y así tendremos reservas para el resto del año.

Sacamos el pulpo del congelador la noche anterior o, como mínimo, 12 horas antes y lo dejamos dentro de la nevera para que se vaya descongelando lentamente dentro de una fuente con rejilla. Es importante hacerlo en un recipiente bien grande, pues va a soltar mucho líquido al descongelarse, y taparlo para que no coja olores de otros alimentos.

PARA LAS PATATAS COCIDAS Y ALIÑADAS

500 g de patatas agrias o kennebec
sal
aceite de oliva arbequina virgen extra

Pelamos las patatas y las cortamos en cubos de 1 centímetro, poniéndolas en agua fría para que no se oxiden. Envasamos las patatas con un poco de aceite y sal. Las cocemos en el horno a vapor a 100 °C durante unos 40 minutos. Comprobamos que estén tiernas y las enfriamos en agua con hielo. En el momento de utilizarlas, las calentamos en el horno a vapor y las pasamos por el pasapurés, al tiempo que rectificamos el punto de sal y agregamos aceite de oliva. Servimos el puré sin demora. Esta operación puede hacerse directamente con patata cocida, pero en el restaurante este sistema nos da muy buenos resultados.

Nota: Podemos hacer una cocción tradicional de las patatas en el agua de cocer el pulpo. Para ello, retiramos el pulpo ya cocido a una fuente y hervimos las patatas peladas en la misma olla, con su caldo de cocción, durante unos 20 minutos –menos si son pequeñas, más si son muy grandes– o hasta que estén tiernas y se puedan pinchar fácilmente con un palillo. Le damos al pulpo un golpe de calor de 2 minutos en su misma agua de cocción antes de servirlo (mientras cortamos las patatas).

MONTAJE

pimentón de la Vera dulce
pimentón de la Vera picante
aceite de oliva arbequina virgen extra
sal en escamas

Calentamos el pulpo en el horno a vapor a 85 °C o en una vaporera convencional y, en un baño maría, el puré de patata unos 7 minutos. Colocamos la patata ya rectificada de sal y aceite en la base del plato, repartimos el pulpo por encima cortado en trozos del tamaño deseado, pero que cubra las patatas. Espolvoreamos ligeramente el plato con una mezcla de pimentones de la Vera (4 partes de dulce por 1 de picante), un poco de sal en escamas y aceite de oliva arbequina. Opcionalmente podemos cubrir el plato con una campana de cristal e introducir debajo, en el momento de servir, una buena cantidad de humo de madera de haya con una pipa especial de ahumar. Esta operación la realizamos siguiendo las instrucciones del fabricante y solo con maderas aptas para usos alimenticios. Servimos el plato rápidamente.

MAR Y MONTAÑA DE CIGALAS Y ALITAS DE CORRAL CON CHORON, CHIPOTLE Y PICADA

PARA EL JUGO DE POLLO CONCENTRADO

1,5 carcasas y huesos de pollo
2 l de agua mineral
2 dl de vino de Oporto
1 dl de coñac o brandi
2 cebolletas
1 cebolla
1 ramita de apio
½ blanco de puerro
5 ajos morados
1 hoja de laurel
1 ramita de tomillo
50 g de mantequilla
aceite
sal
pimienta

Cortamos las carcasas en pedazos regulares y las desangramos en agua muy fría 5 minutos. Las colocamos en una fuente amplia para asar. Cocemos a 180 °C junto con los huesos hasta que queden bien asados. Hacemos una bresa con las verduras peladas y las salteamos en una sartén con aceite hasta que tomen color. Cuando las carcasas y los huesos estén bien tostados, añadimos las verduras salteadas y cocemos unos minutos más. Desglasamos la fuente con los licores y rectificamos. Pasamos el conjunto a una olla con el agua. Cocemos un par de horas a fuego moderado y filtramos por un chino. Reducimos la salsa con la mantequilla hasta obtener un jugo con textura bien concentrada. Por último, rectificamos de sal y pimienta.

PARA LAS ALITAS A BAJA TEMPERATURA

alitas de pollo de caserío
aceite de oliva arbequina
sal
pimienta negra
pimentón de la Vera
ajo en polvo
hierbas de Provenza
polvo de lavanda
toque de comino

Limpiamos las alitas y retiramos posibles plumas. Las cortamos por las partes medias y desechamos las puntas de las alas. Reservamos la primera falange para otras elaboraciones o para elaborar la salsa de pollo de caserío. Pasamos una llama por la parte media de las alas, «segunda falange», sin cocinar la piel. Hacemos una marinada con el resto de los ingredientes y envasamos en una bolsa de cocción con un hilo de aceite de oliva arbequina. Sellamos la bolsa, la escaldamos en agua hirviendo y luego la enfriamos en agua helada con el fin de retractilar la bolsa. Cocinamos al vacío en un baño de agua a una temperatura controlada de 64 °C durante 24 horas. Terminada la cocción, deslizamos un corte con un cuchillo muy afilado en las puntas, deshuesamos con mucho cuidado de no romper la carne o la piel y reservamos de nuevo, envasado al vacío con un poco de aceite. En el momento de servir, salamos las alitas y las asamos por un lado en una sartén bien caliente con una gota de aceite, cortamos las puntas y partimos por la mitad, pincelamos la parte asada con jugo de pollo de caserío y damos un golpe de gratinador hasta que la pieza esté caliente. Servimos sin demora.

PARA LAS CIGALAS

cigalas de tamaño medio (2 uds./pax.)
500 ml de agua
16 g de sal
aceite de oliva

Para salar las colitas de cigala realizamos un baño de agua salada con la misma proporción que el agua de mar, mezclando el agua y la sal y dejando que esta se disuelva por completo. Pelamos las colas de cigala y reservamos las cabezas y las cáscaras para la salsa. En el momento de terminar el plato, sumergimos las colitas 5 minutos en el agua salada y luego las secamos bien con papel de cocina. Las doramos en una sartén antiadherente un poco por la parte superior y, cuando cojan color, las dejamos un segundo por la parte interna justo hasta que cambie el color y queden cocinadas y calientes. Servimos sin demora.

PARA LA SALSA DE CIGALA

1 kg de cabezas de cigala
2 cebollas grandes
1 cabeza de ajo
100 g de pasta de tomate concentrada
25 g de chile chipotle ahumado en conserva
200 ml de vino blanco
2 l de agua
50 g de mantequilla

En una olla rehogamos la cebolla y el ajo. Seguidamente incorporamos las cabezas de cigala troceadas y rehogamos el conjunto hasta que tome un color dorado intenso. Añadimos el tomate y el chile, lo cocemos un poco más y desglasamos con el vino blanco. Cuando esté reducido, añadimos el agua y hervimos todo el conjunto 40 minutos.

Colamos bien el caldo para evitar impurezas y lo ponemos a reducir al fuego con la mantequilla hasta obtener una salsa con textura y mucho sabor.

PARA LA CHORON ESPUMOSA DE CIGALA

1 huevo
1 yema huevo
50 ml de agua
150 g de mantequilla clarificada
50 g de salsa de cigala (receta anterior)
2,6 g de sal
20 ml de vinagre de estragón

Introducimos en una bolsa pequeña el huevo, la yema y el agua y lo cocinamos todo a 62,5 °C durante 20 minutos (esta operación la podemos hacer al baño maría de forma tradicional).

En el sifón introducimos la mantequilla clarificada caliente, la salsa de cigala caliente, el vinagre, la sal y la bolsa del huevo después de cocinarla. Incorporamos un par de cargas al sifón y movemos mucho hasta que salga una espuma densa caliente.

PARA LA SALSA DE PEREJIL

200 g de perejil (solo hoja)
200 ml de agua mineral
5 g de sal
1 g de xantana o cualquier espesante en frío que nos dé un poco de textura

Ponemos un cazo a hervir con agua ligeramente salada y cuando hierva añadimos la mitad de las hojas de perejil. Cocemos de 15 a 20 segundos, colamos las hojas y las enfriamos en agua helada.

Trituramos el perejil escaldado con el agua con un túrmix hasta que quede todo bien fino.

Pasamos por el colador y añadimos la xantana, volvemos a triturar con el túrmix a velocidad mínima para que no entre aire y lo pasamos por un colador muy fino. Guardamos en un biberón para salsas.

PARA LA CREMA DE AJO

4 cabezas de ajo
50 g de mantequilla
50 ml de agua o caldo
aceite de oliva

Cortamos la punta de las cabezas de ajo, ponemos los ajos en una fuente y un dado de mantequilla encima de cada ajo por la parte donde hemos cortado. Cocemos en el horno a 170 °C durante 10 minutos. Una vez pasado el tiempo damos la vuelta al ajo y cocemos unos 15-20 minutos más hasta que quede bien cocido.

Sacamos los dientes de ajo apretando con unas pinzas y lo trituramos todo a velocidad máxima en un robot de cocina. Dependiendo de la textura le vamos añadiendo agua y emulsionamos con un poco de aceite de oliva. Pasamos por el colador y guardamos en biberón.

PARA EL PRALINÉ DE ALMENDRA

almendra
aceite
sal

Freímos la almendra en abundante aceite sin parar de remover para que el dorado sea homogéneo; una vez frita, la sacamos y escurrimos. La metemos en un vaso de túrmix y trituramos hasta conseguir un praliné, añadimos un poco de sal y guardamos en biberón.

MONTAJE

Hacemos un dibujo redondo con las texturas de ajo, el perejil y la crema de almendras. Colocamos en el centro una alita, las glaseamos con el jugo de pollo y al lado una cigala, repetimos la operación con una alita y una cigala encima, pero a la inversa. Decoramos con brotes y anisados. Ya en la mesa, disponemos la choron de chipotle espumosa.

GUISO DE PESCADO A LA MARSELLESA O BULLABESA

2 kg de pescado variado, eviscerado y limpio
150 ml de aceite de oliva
2 buenos pellizcos de azafrán
1 peladura de naranja (sin la parte blanca)
3 hojas de laurel
3 cebollas
6 dientes de ajo
4 tomates (o 2-3 cucharadas de puré de tomate)
6 patatas medianas
1 cucharadita de semillas de hinojo
1,5 l de agua
un buen puñado de almejas o mejillones frescos
perejil al gusto
sal
pimienta

Cortamos en pedazos el pescado de mayor tamaño y lo colocamos todo en una fuente, regamos con aceite y añadimos un pellizco de azafrán, una peladura de naranja sin la parte blanca y las hojas de laurel. Mezclamos con cuidado, tapamos con plástico y lo dejamos adobar una hora en la nevera.

Pelamos y picamos las cebollas y los dientes de ajo. Escaldamos los tomates en agua hirviendo 30 segundos, los pelamos y despepitamos o usamos puré de tomate preparado. Pelamos las patatas y las cortamos en rodajas más o menos gruesas. Ponemos el resto del aceite de oliva en una cazuela. Sofreímos la cebolla hasta que esté transparente; agregamos el ajo y le damos unas vueltas. Añadimos la pulpa del tomate y las semillas de hinojo y reducimos 5 minutos, Si trabajamos con el puré de tomate, no hay necesidad de hacer la reducción adicional. Vertemos 1 litro y medio de agua, llevamos a ebullición y añadimos las patatas. Cocemos 15 minutos a fuego suave. Añadimos los pescados de mayor tamaño sobre el lecho de patatas para que no se desbaraten y contamos 5 minutos cuando el caldo vuelva a hervir. Agregamos entonces los pescados pequeños y los moluscos –si los ponemos– junto con el líquido y los aromas del adobo. Tapamos la cazuela y cocemos unos pocos minutos hasta que se abran los moluscos y los pescados pequeños se cocinen. Apagamos el fuego y salpimentamos al gusto.

PARA LAS TOSTAS CON SALSA «ROUILLE»

2-3 dientes de ajo
1 cayena o un trozo de guindilla
2 yemas de huevo
1 buena pulgarada de azafrán
sal
250 ml de aceite de oliva suave
rebanadas de pan tostado
ajo para restregar el pan
un chorrito de aceite de oliva

Pelamos y troceamos los ajos para la salsa rouille y desmenuzamos la cayena o guindilla. Separamos las yemas y las ponemos en un vaso alto de batidora. Agregamos los ajos troceados, la cayena o guindilla, una buena pulgarada de azafrán y una cucharadita de sal. Cubrimos con el aceite de oliva y metemos la batidora de mano hasta el fondo a velocidad media. Cuando en el fondo del vaso se aprecie claramente que se forma la mayonesa, subiremos el brazo de la batidora poco a poco integrando el aceite que queda encima hasta que tengamos rouille en todo el vaso.

Probamos la sazón y rectificamos, si hiciera falta. Reservamos.

Para servir, frotamos ajo en las rebanadas de pan tostado y mojamos con un chorrito de aceite de oliva. Untamos cada rebanada con salsa rouille. Sacamos los pescados, lo disponemos en una fuente y servimos con el caldo de pescado y las patatas en una cazuela, acompañado todo por el pan con rouille.

Nota: Podemos aromatizar nuestro guiso con semillas de hinojo (como se especifica en la receta), con un poco de anís estrellado o con unas gotas de licor de anís tipo Pernod o Ricard.

PESCADO DE ROCA ASADO CON PATATAS A LA IMPORTANCIA

PARA EL PESCADO DE ROCA Y SU FUMET

1 cabracho o rubio de 1,5 a 2 kg
1 cebolla mediana
1 cabeza de ajos
150 g de blanco de puerro
50 g de apio fresco
2 ramitas de perejil
1 hoja de laurel
1,5 l de agua
sal
pimienta blanca

Limpiamos y sacamos las carnes de pescado, reservando los lomos desespinados para asar y el resto para el fumet.

Ponemos a hervir el agua e incorporamos el resto de los ingredientes picados. Cocemos 10 minutos y añadimos las espinas y recortes de pescado. Cocemos 15 minutos a fuego muy bajo. Agregamos unas gotas de aceite y dejamos macerar 5 minutos fuera del fuego y colamos.

PARA LAS PATATAS A LA IMPORTANCIA CON PESCADO DE ROCA

carnes limpias de pescado de roca (elaboración anterior)
3-4 patatas medianas
harina para rebozar
2 huevos
aceite de oliva para freír
1 cebolla mediana
1 pellizco de hebras de azafrán
2 dientes de ajo
perejil picado
100 ml de vino blanco
fumet de pescado de roca (elaboración anterior)
sal
pimienta blanca

Pelamos las patatas, las lavamos y las cortamos en rodajas de 1 centímetro de grosor aproximadamente. Cubrimos el fondo de una sartén amplia con un dedo de aceite de oliva y las calentamos a fuego medio.

Rebozamos las rodajas de patata primero en harina y luego en los huevos batidos; las freímos en aceite por ambas caras hasta que estén doraditas y las vamos pasando a una cazuela amplia, donde se cocerán luego.

Pelamos y picamos finamente la cebolla. En otra sartén con aceite limpio, la sofreímos a fuego bajo hasta que esté transparente.

Mientras tanto, pelamos los ajos y los majamos en un mortero junto con las hebras de azafrán y un poco de perejil. Cuando la cebolla esté lista, volcamos el majado en la sartén, mezclamos y le damos unas vueltas hasta que se haga el ajo.

Agregamos el vino y cocinamos hasta que se reduzca bastante y quede muy poco líquido. Vertemos el sofrito en la cazuela de las patatas, distribuimos y cubrimos con agua o caldo y lo cocemos 10 minutos tapado.

Asamos el pescado cortado en raciones generosas en una sartén antiadherente bien caliente con un poco de aceite, solo hasta dorar la piel. Este marcado no será superior a 1 minuto. Reservamos.

Calentamos un horno ventilado a 180-200 °C y añadimos los cortes de pescado marcados con la piel dorada hacia arriba encima de las patatas y cocemos de 15 a 20 minutos en el horno hasta que el pescado esté hecho y las patatas bien cocidas.

Probamos la cocción de las patatas pinchando alguna rodaja con un cuchillo. La salsa se habrá reducido mucho, por lo que si queremos tener el plato más caldoso, vertemos más líquido.

Servimos rápidamente con más perejil fresco espolvoreado por encima.

Nota: No todos los pescados sirven para ser cocinados al horno, muchos tienen tendencia a quedar secos y no pueden soportar este tipo de cocciones. Para esta receta, aparte de los pescados mencionados, podemos utilizar rape, cogote de merluza o rodaballo con excelentes resultados.

LOMO DE MERLUZA ASADO CON GUISO DE ALMEJAS Y PURÉ DE JUDÍAS AL ACEITE DE OLIVA

PARA LA MERLUZA

2 lomos de merluza
sal
aceite de oliva

Pedimos a nuestro pescatero que nos sirva 4 lomos de merluza sin escamas ni espinas, de unos 200 gramos.

Para asar el pescado, lo sacamos de la nevera de 20 a 30 minutos antes de utilizarlo, para que tome un poco de temperatura. Aliñamos los lomos con aceite.

Asamos el pescado por la parte de la piel en una sartén antiadherente, hasta que la piel tome un bonito tono tostado. Damos la vuelta y los cocemos no más de 1 minuto. Aliñamos con sal y aceite, reservamos en un lugar cálido entre 50 y 60 °C durante unos 10 o 12 minutos. Servimos sin demora.

PARA EL GUISO DE ALMEJAS

1 cebolleta
1 diente de ajo
80 ml de vino blanco
200 g de judías blancas cocidas de calidad
700 ml de fumet básico (véase el recetario básico)
1 pizca perejil picado, sal y pimienta blanca

Picamos la cebolleta y el ajo bien menudos, pochamos la verdura con un hilo de aceite a fuego medio hasta que esté tierna, pero procurando que no tome color.

Reducimos el vino blanco y añadimos las judías. Mojamos el conjunto con el agua. Dejamos cocer a fuego muy suave unos minutos y retiramos las judías del guiso para poder hacer el puré. Estas nos habrán aportado sabor y textura al guiso.

En el momento de servir, abrimos las almejas en el guiso y añadimos el perejil picado. Reducimos a la textura deseada y rectificamos de sal, si fuera necesario.

PARA EL PURÉ DE JUDÍAS

judías escurridas de la elaboración del guiso
aceite de oliva
sal

Trabajamos las judías en el túrmix con un poco de aceite de oliva hasta conseguir un puré denso, pero muy meloso. Rectificamos de sal, si fuera necesario.

MONTAJE

Colocamos el pescado en el centro del plato y lo aliñamos con la salsa del guiso. Con la ayuda de una cuchara, añadimos al plato un poco de puré de judías. Repartimos las almejas de manera elegante y terminamos con un hilo de aceite y unos brotes aromáticos.

«SUQUET DE PEIX» EN DOS VERSIONES

PARA EL PESCADO

1 dentón
1 cabracho
1 cola de rape

Utilizamos estos tres tipos de pescado para las diferentes versiones del fumet.

Dentón: escamamos bien la pieza y descartamos las escamas por ser muy rugosas. Cortamos las aletas y espinas exteriores. Fileteamos los lomos y aprovechamos las espinas para el fumet.

Racionamos los lomos en 150 gramos aproximadamente y los marcamos en una cazuela por la parte de la piel para que quede muy crujiente y doradita. Reservamos. También reservamos las agallas para guisar por su aportación en gelatina y colágeno.

Cabracho: le quitamos la cabeza y troceamos en tres partes para guisar.

Cola de rape: la limpiamos bien de pieles y aletas, y la troceamos en rodajas gruesas para guisar.

PARA EL FUMET

1 kg de galeras
1 kg de espinas de pescado
1 rama de apio
1 cebolla
1 cabeza de ajo
1 puerro
100 g de tomate seco

Elaboramos dos tipos de fumet para cada una de las versiones.

Fumet clásico, más básico y blanco: ponemos el marisco y las verduras y los cubrimos de agua y dejamos que hierva unos 15 minutos. Se trata de un fumet sencillo que sustituye al agua de mar que utilizaban originalmente los pescadores a la hora de hacer esta receta.

Fumet con verduras asadas, más dorado: tostamos las galeras y las espinas de pescado, asamos las verduras del caldo y añadimos el tomate seco, que le aportará un tono rojizo. Dejamos que hierva suavemente durante unos 25 minutos.

PARA EL SOFRITO

1 kg de tomate maduro
1 ajo picado
1 manojo de perejil picado
100 g de escaloña picada
aceite de oliva virgen
sal

Elaboramos dos tipos de sofrito para cada una de las versiones.

Para el primer sofrito, más sencillo y rápido: ponemos en un cazo el aceite y el ajo picado todavía frío; cuando empiece a dorarse, añadimos el tomate pelado y despepitado, cortado en daditos, y el perejil. Lo dejamos cocinar 4-5 minutos para no desnaturalizar el tomate y rectificamos de sal.

Para el segundo sofrito, más elaborado: echamos en un cazo el aceite de oliva y el ajo picado en frío; cuando empieza a dorarse agregamos la escaloña. Una vez pochada, añadimos el tomate pelado, despepitado y cortado en daditos y lo dejamos cocinar durante 2 horas aproximadamente, hasta que quede bien caramelizado y seco.

PARA LA PICADA

9 o 10 unidades de almendra pelada y tostada
3 rodajas de pan tostado
1 cucharadita de ajo picado
1 cucharadita de perejil picado
sal

Con la ayuda de un mortero, majamos todos los ingredientes hasta conseguir una mezcla homogénea. Mojamos con un poco del fumet tostado hasta conseguir una salsa que añadiremos a los suquets.

PARA EL PRIMER «SUQUET»

En la cazuela donde hemos cocinado el sofrito sencillo y rápido, añadimos la patata, en este caso ágata (tipo monalisa), pelada y cortada por la mitad y laminada en panadera en unos 3 milímetros de grosor. Ponemos un fondo de patata sobre el sofrito y mojamos con el fumet clásico. Lo dejamos cocinar durante unos 10 minutos. Pasado ese tiempo, rectificamos de sal y añadimos los trozos de cabracho, rape y las agallas del dentón. Tapamos la cazuela y lo dejamos guisar con la propia agua del pescado durante 10 minutos más. Una vez guisado el conjunto, agregamos la picada y rectificamos de sal.

PARA LA SEGUNDA OPCIÓN DE «SUQUET»

En la cazuela donde hemos cocinado el sofrito más elaborado, ponemos un fondo de patata como hemos hecho en el primer suquet. Mojamos con el fumet tostado y, cuando empiece a hervir, lo cocinamos en el horno a 180-200 °C durante unos 10 o 12 minutos. Pasado ese tiempo, rectificamos de sal y ponemos las raciones de dentón, con la piel hacia arriba, encima del guiso y añadimos la picada. Acabamos de cocinar el pescado otros 2 o 3 minutos en el horno.

LUBINA ASADA CON REDUCCIÓN DE «CABERNET SAUVIGNON», TOMATES CONFITADOS Y CEBOLLETAS CARAMELIZADAS

PARA LA LUBINA

1 lubina de buen tamaño
aceite de oliva suave
sal
pimienta

Limpiamos la lubina de escamas y fileteamos el pescado, retiramos las espinas y cortamos en porciones regulares de 120 a 180 gramos. Sazonamos directamente o utilizando salmuera a razón de 100 gramos de sal por litro de agua durante 3 minutos aproximadamente. Asamos la lubina por la piel hasta que tome un bonito tono dorado. Cortamos las carnes y reservamos. Para finalizar la receta damos un golpe de horno de pocos minutos a 160-180 °C, justo para terminar la cocción y que coja temperatura: 50 °C en el corazón del pescado.

PARA EL CALDO DE TERNERA

1 kg de rodilla de ternera
2,5 kg de retales
5 l de agua mineral
300 g de cebolla
250 g de puerro
150 g de zanahoria
125 g de tomate maduro
70 g de apio
50 g de champiñón
50 g de nabo
50 g de hinojo
35 g de ajo
100 g de mantequilla de calidad
sal
pimienta

Colocamos la rodilla de ternera y los retales en trozos en una fuente de asar, aliñamos con un poco de aceite y tostamos a 180 °C hasta que todo el conjunto adquiera un bonito tono dorado. Limpiamos, pelamos y picamos toscamente las verduras y las pesamos según los valores indicados en la receta.

Asamos todas las verduras, menos el tomate, en una cazuela amplia con un poco de aceite hasta que se doren. Reducimos a la mitad. Juntamos las carnes asadas, las verduras, el vino reducido y los tomates cortados en cuartos en una cazuela y cubrimos con el agua. Cocemos a fuego suave un mínimo de 6 horas. Terminada la cocción, colamos el caldo y lo reservamos para el siguiente paso.

PARA EL JUGO DE «CABERNET SAUVIGNON»

1 l de caldo de carne (fondo de ternera sin reducir)
1 l de vino variedad cabernet sauvignon
50 g de escaloñas
50 g de cebolleta
50 g de mantequilla
2 cucharadas soperas de aceite de oliva
5 g de azúcar
sal
pimienta en grano machacada

Picamos las verduras finas y las coloreamos a fuego moderado con la mantequilla y el aceite. Cuando adquiera un tono dorado, añadimos el azúcar y dejamos rehogar un poco más. Añadimos el vino y el jugo de carne y reducimos a la mitad. Agregamos una nuez de mantequilla y damos calor hasta obtener la textura deseada.

PARA LAS CEBOLLITAS CONFITADAS

1 kg de cebollitas platillo
150 ml de jugo de ternera
100 g de mantequilla
sal
pimienta negra

Escaldamos las cebollitas y las pelamos. Rehogamos junto con la mantequilla hasta que estén doradas. Introducimos las cebollitas salpimentadas y el jugo en una bolsa de vacío. La sellamos y retractilamos en agua hirviendo para pasarla después por agua helada. Cocemos las cebollitas al horno de vapor a 90 °C durante 1 hora y 30 minutos. Terminada la cocción, las enfriamos en agua helada y las reservamos hasta el momento de acabar la receta.

Antes de finalizar el plato, colocamos las cebollitas en un cazo con el jugo de cocción y un par de buenas cucharadas de jugo de vino y un poco de mantequilla. Lo reducimos a una textura densa y lo servimos sin demora.

PARA LOS TOMATES CONFITADOS

tomates cherri de buen tamaño
aceite de oliva arbequina
sal
azúcar
pimienta negra

Escaldamos los tomates en agua salada hirviendo durante 5 segundos. Los pelamos y los introducimos en un bol. Sazonamos los tomates con sal, azúcar, una rosca de pimienta y los dejamos curar unos minutos. Añadimos un buen hilo de aceite en el bol y mezclamos todo de nuevo con mucho mimo.

Colocamos los tomates separados unos de otros en una fuente de horno pincelada con aceite de oliva. Cocemos a 115 °C en el horno sin humedad 1 hora y 20 minutos. Al salir del horno, los reservamos bien tapados en la misma fuente. En el momento de servir la receta, damos 10 minutos de horno a 100 °C o los mantenemos en una mesa caliente el tiempo necesario para calentarlos. Los aliñamos con un buen aceite de oliva justo antes de servir.

MONTAJE

Disponemos la pieza de lubina en el centro del plato. Repartimos las cebollitas de manera elegante y salseamos ligeramente con el jugo de vino. Colocamos los tomates y terminamos con un hilo de buen aceite, unas flores de cebollino o unos brotes de hinojo fresco.

LOMO DE RAPE CON CAMISA DE ACEITUNAS NEGRAS Y «PARMENTIER» DE PATATA A LA MANTEQUILLA

PARA EL POLVO DE ACEITUNA NEGRA

500 g de oliva negra griega con hueso

Para el polvo de aceitunas negras, aplastamos las aceitunas y les retiramos el hueso. Las laminamos finamente y las colocamos bien planas en hojas de papel antiadherente. Las introducimos en el horno a 70 °C y las mantenemos de 8 a 10 horas, hasta que estén del todo secas. También podemos encontrar aceituna negra liofilizada que puede sustituir esta receta.

PARA EL ACEITE DE OLIVA CON OLIVAS

100 g de oliva negra griega seca
1,5 dl de aceite de oliva arbequina
sal

Para el aceite, mezclamos todos los ingredientes y los trituramos un buen rato con un túrmix. Después lo introducimos en un biberón.

PARA LA CAMISA DE OLIVA NEGRA Y MOSTAZA

60 g de oliva negra griega seca
30 g de grano de mostaza
perejil picado
sal

Para la camisa del rape, tostamos los granos de mostaza al horno o en sartén, los dejamos enfriar y los pasamos por un molinillo de café. Picamos las olivas negras y el perejil bien finos con la ayuda de un cuchillo afilado.

PARA EL RAPE

1 kg de lomo de rape
aceite de oliva

Utilizamos lomos de rape bastante grandes. Para esta receta, un lomo limpio de 1 o 1,2 kg.

Espolvoreamos el lomo con la manteca para dorarlo rápidamente y sellarlo. Lo asamos a fuego vivo en una sartén antiadherente. Cuando el lomo tome un bonito color, bajamos la intensidad del fuego al mínimo y dejamos que la sartén pierda temperatura. Mojamos bien el lomo con el aceite de olivas negras y le vamos dando la vuelta continuamente. Cuando esté bien fijada la oliva, lo retiramos de la sartén y lo ponemos en una tabla de corte.

Espolvoreamos el polvo de aceitunas, el de semillas de mostaza y el perejil picado en un papel de cocina. Pintamos el lomo de rape con un poco de huevo pasteurizado y lo pasamos por la camisa de aceitunas procurando que quede uniforme. Cortamos el lomo en raciones. Acabamos la cocción en el horno a 135 °C hasta que el centro esté a 55 °C y el color de las carnes sea nacarado y lo servimos rápidamente. Podemos sustituir el aceite de oliva con oliva negra por un huevo pasteurizado para aplicar la camisa de oliva negra.

PARA LA «PARMENTIER» DE PATATA

4 o 5 patatas medianas de carne blanca
40 g de mascarpone
100 g de mantequilla fresca
sal
pimienta

Limpiamos las patatas de tierra y las cocinamos con la piel en agua salada unos 35 minutos a partir del hervor. Pretendemos cocinarlas un poco más de lo debido. Terminada la cocción, colocamos unos 300 o 400 gramos de patata cocida sin piel y el resto de los ingredientes en un robot de cocina. Trabajamos lo necesario para integrar los componentes. Pasamos por un colador grueso y montamos un poco con varillas justo antes de servir. El trabajo de texturización y montaje de la patata puede hacerse con resultados brillantes en la sorbetera Pacojet.

OTROS

brotes germinados de pipas de girasol
hojas de mostaza rizada
polvo de mostaza en grano tostado
mezcla de polvo de oliva y panko tostado con mantequilla (opcional)
sal Maldon

MONTAJE

En el plato, trazamos una lágrima de parmentier de patata, distribuimos gotas de aceite de oliva, mostaza en polvo y polvo de olivas con panko. En el centro, disponemos el lomo de rape. Hacemos un trazo alrededor del pescado con aceite de oliva y acabamos con unas escamas de sal y hojas de germinado de pipas y mostaza.

BACALAO CON PISTO

CÓMO DESALAR EL BACALAO

Conviene hacer esta operación en abundante agua fría. Es muy recomendable que el proceso se desarrolle a baja temperatura (a unos 10 °C), por lo que hay que poner la cazuela con el agua y el bacalao partido en trozos dentro de una cámara frigorífica. Debemos procurar, siempre que se pueda, que los trozos de bacalao tengan un grosor similar; de lo contrario, el desalado no será del todo uniforme.

Debemos calcular un mínimo de 36 horas para las tajadas de grosor medio. Las más gruesas pueden requerir 48 horas o más. Las finas, algo menos. En todo caso, hay que cambiar el agua del desalado cuatro veces.

No es mala idea sacar el recipiente en el que se desala el bacalao unas 6 horas antes de cocinarlo y dejarlo a temperatura ambiente. Pasado el tiempo indicado, escamamos cuidadosamente las tajadas, quita mos las espinas que puedan tener y las secamos con un paño. En este punto, el bacalao estará listo para ser cocinado.

PARA EL PISTO

250 g de cebolla morada
250 g de pimiento verde
250 g de pimiento rojo
250 g de calabacín
250 g de berenjena
75 ml de aceite de oliva virgen
12 g de sal
1 cucharada de tomillo
pimienta molida al gusto
3 dientes de ajo
750 g de tomates

Cortamos la cebolla morada, el pimiento verde, el pimiento rojo, el calabacín y la berenjena en trozos pequeños regulares. Reservamos todos los ingredientes cortados hasta la hora de añadirlos a la sartén.

Calentamos 75 mililitros de aceite de oliva virgen y pochamos la cebolla cortada hasta que comience a verse transparente, más o menos durante unos 10 minutos. En este punto añadimos una pizca de sal, unos 2 gramos, que ayudará a que la cebolla suelte el agua.

Añadimos el resto de las verduras a la sartén, a excepción del ajo, y las cocinamos removiendo de vez en cuando durante 15 minutos, a fuego medio. En este punto, ponemos el tomillo, ya sea fresco o seco, y 10 gramos de sal. Si se desea, se puede agregar también en este momento un poco de pimienta recién molida. Picamos los 3 dientes de ajo y los incorporamos a la sartén. Dejamos cocinar el conjunto otros 15 minutos.

Mientras se cocinan todas las verduras, rallamos 750 gramos de tomate teniendo mucho cuidado de usar solo la carne y desechar la piel. Vertemos el tomate y todo su jugo sobre las verduras, mezclamos bien y dejamos cocinar todo junto a fuego medio durante 15 minutos más. Para apreciar mejor el sabor de las verduras, lo mejor es comer el pisto al día siguiente. Si hemos hecho mucha cantidad, podemos congelarlo para disponer del guiso en otro momento.

PARA EL BACALAO

8 lomos de bacalao de 80-100 g
2,5 dl de aceite de oliva de calidad
15 g de crema de ajos asada (véase el recetario básico)
1 hojita de laurel
sal
pimienta blanca
una pizca mínima de orégano seco

Maceramos el bacalao en leche durante 30 minutos y lo secamos a la perfección. Podemos envasarlo directamente o asado. Si lo queremos dorar con antelación, asamos la piel del bacalao hasta que tenga un bonito tono tostado en una sartén bien caliente con unas gotas de aceite. Lo envasamos al vacío e n bolsas retráctiles de 25 por 40 centímetros con el aceite emulsionado, la crema de ajos, condimentos y aromáticos. Damos 8,5 atmósferas de presión y escaldamos durante 3 segundos las bolsas en agua hirviendo. Las enfriamos en agua muy fría. En el momento de servir cocemos en agua a 50 °C no más de 10 minutos.

Juntamos el bacalao con el pisto y damos al conjunto un golpe rápido de horno espolvoreando una picada, perejil o cebollino acabado de picar, o lo que más nos guste. Servimos sin demora.

Notas: Podemos también hacer el bacalao una vez enharinado y frito en aceite suave o de semillas a 180 °C hasta que esté dorado y justo cocido, con el centro solo atemperado, o confitarlo en un aceite perfumado de ajos a 70 °C durante unos 12 minutos, o incluso asado en el horno con buen aceite y ajos a 200 °C. Todas las cocciones pueden funcionar bien con una buena escalibada; solo tenemos que elegir cuál es la que mejor nos sale o se adapta a nuestras necesidades

En esta receta, hemos preparado el pisto de modo principal para que lo adaptéis a diferentes recetas de carne o pescado sin problemas. En este caso, lo unimos a uno de los grandes clásicos de las recetas de pisto, el bacalao, pero al igual que los pistos u otras recetas como el tumbet mallorquín, la escalibada puede ser un principal, un acompañamiento o un aliado perfecto con infinidad de materias primas.

BACALAO AL PILPIL

600 g de bacalao desalado cortado en 4 lomos iguales
3 dl de aceite de oliva virgen
los dientes pelados de dos cabezas de ajo
1 manojo de tallos de perejil

Ponemos en una cazuela el aceite con los ajos pelados a fuego muy lento. Cuando empiece a borbotear muy ligeramente, lo mantenemos así durante el tiempo aproximado de 1 hora, sin dejar que los ajos tomen color dorado. Una vez hecho esto, añadimos los tallos de perejil y retiramos inmediatamente la cazuela del fuego. La dejamos reposar durante unas horas. Pasado ese tiempo, lo colamos. Esta operación puede hacerse con antelación, de manera que el aceite esté ya preparado a la hora de elaborar el bacalao.

Quitamos a las tajadas de bacalao todas las espinas, las escamamos y las secamos. Las ponemos en una cazuela con la piel hacia arriba y añadimos el aceite en el que se han confitado los ajos. Levantamos las tajadas para que el aceite fluya por el fondo de la cazuela. Ponemos esta a fuego lento, sin que apenas se produzcan más que unos ligeros borbotones. Cuando veamos que el bacalao ha soltado su gelatina, lo retiramos del fuego y dejamos que se temple moviendo la cazuela con suaves vaivenes hasta emulsionar la salsa.

Calentamos otra vez la cazuela a fuego lento y, con una espátula, presionamos las tajadas delicadamente para que suelten su jugo y se siga ligando la salsa.

Retiramos la cazuela del fuego y esperamos a que el bacalao se temple un poco. Le damos unos últimos movimientos para que se asiente y lo emplatamos cuidadosamente para que el lomo no se rompa. Lo servimos acompañado de su salsa.

CALAMARES EN SU TINTA

15 calamares muy frescos de unos 8 cm
3 cebollas frescas
½ pimiento verde
1,5 dl de vino blanco seco
2 dientes de ajo
5 cl de salsa de tomate
10 cl de caldo de pescado
1 dl de aceite de oliva virgen
sal

Limpiamos cuidadosamente los calamares separando, por un lado, los cuerpos (sin quitar ni dañar la piel) y, por otro, los tentáculos y las alas. Y, finalmente, las bolsas de tinta, teniendo mucho cuidado de no romperlas. Todo lo demás del interior se desecha.

Picamos muy finas dos de las cebollas junto con un diente de ajo y lo pochamos todo en 0,5 decilitros de aceite, a fuego muy suave, salándolos un poco hasta que estén muy hechos, pero sin

que cojan color. Incorporamos los tentáculos y las aletas, también muy finamente picados, y seguimos rehogando hasta que se evapore el líquido que haya soltado el chipirón. Lo dejamos enfriar.

Rellenamos, aunque no demasiado, los cuerpos de los chipirones con la preparación obtenida y los cerramos con un palillo para saltearlos en aceite bien caliente. Reservamos el jugo que suelten.

Rehogamos a fuego suave en 1 decilitro de aceite las otras cuatro cebollas, el pimiento verde y el otro diente de ajo, muy picados, hasta que se ablanden bien. Agregamos el vino blanco, la salsa de tomate, el caldo de pescado, el jugo del salteado de los calamares y las tintas disueltas en un poco del caldo. Salamos y dejamos hervir otros 15 minutos. Pasado ese tiempo, lo trituramos y pasamos por el colador fino. Rectificamos de sal.

Introducimos los chipirones rellenos en la salsa y dejamos que hiervan hasta que queden tiernos.

CHIPIRONES ENCEBOLLADOS

15 chipirones de unos 6 u 8 cm
2 cebollas grandes
½ pimiento verde
1 diente de ajo
1 dl de vino blanco
50 ml de aceite de oliva virgen
sal

Limpiamos los chipirones con mucho cuidado para no dañar su piel, retiramos los interiores (de los que conviene reservar las bolsas de tinta para otras preparaciones) y desechamos el resto. También recuperamos los tentáculos y desechamos el pico del centro de esta red de tentáculos. Los introducimos dentro de cada chipirón.

Hacemos una juliana muy fina con las cebollas y el pimiento verde, y lo ponemos a pochar en 25 mililitros de aceite durante unas 2 horas, cuidando el guiso con mucha atención para que los azúcares de la verdura caramelicen sin quemarse. El color final de la verdura debe ser dorado, tirando a marrón oscuro.

En el resto del aceite, salteamos los chipirones y el diente de ajo picado, a fuego muy vivo, un par de minutos, e incorporamos el resultado a la cebolla pochada.

Desglasamos la sartén en la que se han salteado los chipirones con el vino blanco y lo vertemos sobre la preparación anterior. Dejamos que el conjunto hierva unos 10 minutos.

Los chipirones o calamares de mayor tamaño también quedan muy sabrosos encebollados. El procedimiento es básicamente idéntico al descrito para el chipirón pequeño, pero lo troceamos en cuadrados de unos 3 centímetros de lado y, una vez salteado e incorporado a la cebolla confitada, prolongamos la cocción hasta que esté tierno, pero mantenga su tersura.

RODABALLO ASADO CON PURÉ DE PATATA Y CALDO ACIDULADO DE SETAS

PARA EL PURÉ DE PATATAS

500 g de patata pelada
1 hoja de laurel
8 pistilos de azafrán
40 ml de aceite arbequina
½ cayena
2 dientes de ajo
40 g mantequilla

Ponemos agua a hervir con una pizca de sal, añadimos el azafrán, el laurel y las patatas troceadas, y lo cocemos todo durante 18 o 20 minutos. Comprobamos que estén tiernas. Escurrimos y lo pasamos por la malla de un colador fino o un pasapurés.

Con el ajo laminado, el aceite y la cayena hacemos un refrito que vertemos, colado, sobre la pulpa de patata. Lo ligamos con la mantequilla y rectificamos el sazonamiento. Debe quedar ligeramente picante.

PARA EL JUGO DE SETAS

150 g de cebolleta
1 kg de distintas setas silvestres (cambiarán según la temporada)
1 dl de vino blanco
1 de infusión de verduras (véase el recetario básico)
un poco de aceite de oliva
unas gotas de zumo de limón

Hacemos sudar la cebolleta picada en una cazuela con una pizca de aceite, sin que tome color. Añadimos las setas y rehogamos a fuego lento durante 10 o 15 minutos, removiendo constantemente. Vertemos entonces el vino y reducimos a seco. Añadimos el caldo y cocemos en la cazuela tapada, muy suavemente, durante 15 minutos. Dejamos reposar tapado durante 10 minutos. Lo colamos y, si es necesario, lo clarificamos. Agregamos unas gotas de zumo de limón.

PARA EL RODABALLO

4 lomos de rodaballo, de 200 g (con piel, pero sin espinas)
aceite de oliva virgen
sal

Sazonamos los lomos con moderación y los salteamos por el lado de la piel en una sartén antiadherente muy caliente, hasta que se tuesten bien. Los depositamos en una bandeja levemente rociados con aceite de oliva. Introducimos la bandeja en el horno a 70 °C por espacio de 8 minutos, hasta que queden bien jugosos en su interior. Al sacarlos, espolvoreamos su piel tostada con una pizca de sal cristalizada.

MONTAJE

Apoyamos el rodaballo sobre el puré de patata y rociamos a su alrededor jugo de setas bien caliente.

COCA DE SARDINAS Y ESPÁRRAGOS LIGERAMENTE AHUMADOS CON BROTES DE RÚCULA AL ACEITE CÍTRICO DE PISTACHOS Y COCO

PARA LAS SARDINAS

1 kg de sardinas medianas muy frescas (sardinas ahumadas grandes de tienda o ahumadas en el barco)
1 kg de sardinas medianas muy frescas
300 ml de aceite de oliva (royal / picual sierra de Cazorla, D. O. Jaén)
virutas de madera de olivo para el ahumado
masa de coca

Limpiamos perfectamente las sardinas. Retiramos los lomos y las colocamos en un recipiente ancho, semicubiertas con el aceite. Las ahumamos unos minutos, el tiempo justo para que se note el ahumado, pero sin que destaque demasiado. Con la masa hacemos unas cocas de 8 por 6 centímetros y 3 milímetros de grosor. Ponemos una ligera capa de escalibada en dos cocciones y colocamos encima las sardinas. Antes de servirlas, las calentamos ligeramente en la salamandra. Es importante montar la coca en el momento de servir, de este modo podemos poner la escalibada tibia.

PARA LOS ESPÁRRAGOS VERDES

12 espárragos verdes
300 ml de aceite de oliva (royal / picual sierra de Cazorla, D. O. Jaén)
sal de Guérande

Cortamos los espárragos 3 centímetros por debajo de la yema. Pelamos solo la parte del tallo y los cocemos 2 o 3 minutos en agua salada. Los refrescamos en agua helada y salada y los colocamos en un recipiente con aceite. Ahumamos de la misma manera que las sardinas.

PARA EL ACEITE DE ESCALIBADA CON CÍTRICO Y PISTACHO

1 cucharada sopera de vinagre balsámico
50 g de pistacho verde
la piel de 5 naranjas chinas (kumquat) picadas finas
30 g de coco fresco
sal

Hacemos una vinagreta, emulsionando el aceite y el vinagre balsámico. Añadimos el resto de los ingredientes picados finos.

PARA EL ROMESCO TRADICIONAL PARA RELLENAR EL HOJALDRE

½ l de aceite de oliva (picual D. O. Jaén)
300 g de avellanas peladas tostadas
450 g de almendras peladas tostadas
6 tomates
4 ajos
1 dl de vinagre balsámico
0,5 dl de vinagre de Jerez
1 ñora
1 guindilla
sal
azúcar

Asamos los tomates en el horno sin el nudo, aliñados con sal, un poco de azúcar y aceite hasta que estén bien hechos. Con la mitad del aceite freímos los ajos laminados, lentamente y partiendo de aceite frío. Cuando los ajos tomen color, ponemos la ñora y la guindilla. Al minuto, agregamos los frutos secos y el vinagre. Cocinamos el conjunto un par de minutos e incorporamos los tomates. Dejamos cocer 5 minutos más y trituramos bien fino añadiendo el aceite restante. Podemos sustituir una pequeña porción del aceite por aceite de avellana tostada o almendra para así potenciar el sabor según la receta que elaboremos.

OTROS

hojaldre receta Pullmantur
hojas de rúcula selvática
escamas de sal Maldon

BACALAO «A LA LLAUNA» CON JUDÍAS DEL GANXET

4 lomos de bacalao (de unos 140-150 g)
280 g de judías del ganxet
50 g de harina
125 ml de aceite de oliva virgen extra
2 dientes de ajos
5 g de pimentón dulce y picante (mitad y mitad)
copa de vino blanco
perejil
sal
pimienta negra si fuera necesario

Preparamos la cazuela donde ponemos el bacalao para ir al horno repartiendo por el fondo las alubias blancas de Santa Pau, cocidas y salpimentada. Precalentamos el horno a 200 °C.

Picamos el perejil y fileteamos los ajos.

Secamos los filetes de bacalao con papel absorbente de cocina y los enharinamos bien. Para no ensuciar y no desperdiciar harina, es muy práctico hacerlo dentro de una bolsa de plástico o pasar por un colador de malla fina con la harina justa.

Calentamos el aceite de oliva virgen extra en una cazuela o sartén. Una vez esté caliente, a 180 °C, freímos los filetes de bacalao enharinados dorándolos por todos lados. Tienen que empezar quedando dorados por fuera y poco hechos por dentro. A medida que se van haciendo, los vamos colocando sobre las alubias en la cazuela que irá al horno (o la *llauna*) con la piel hacia abajo.

Retiramos parte del aceite de freír el bacalao de la cazuela o sartén y lo reservamos para otra preparación. En el aceite que queda empezamos a freír los ajos fileteados. No tienen que coger color, ya que luego el plato va al horno y, entre una cocción y otra, se pueden quemar y amargarían. Así que, en cuanto empiecen a dorarse, echamos el pimentón.

El pimentón se quema enseguida, es mejor añadirlo con la cazuela fuera del fuego. Así, damos unas vueltas para que se haga con el calor residual, volvemos a colocar la cazuela al fuego y de inmediato añadimos el vino y subimos el fuego para que se evapore el alcohol. Lo tenemos unos 5 minutos a fuego medio para que se vaya ligando un poco la salsa.

Pasados 5 minutos, vertemos toda la salsa por encima de los filetes de bacalao fritos y las alubias de Santa Pau. Para que nos quede más bonito, colocamos los ajos fileteados y fritos por encima de los filetes de bacalao de manera estética –también se come por los ojos y el aspecto es importante–. Si removemos un poco la cazuela con el bacalao y la salsa conseguimos que la piel del bacalao desprenda un poco de gelatina, que ayudará a ligar la salsa.

Llevamos la cazuela al horno precalentado y dejamos que se acabe de hacer unos minutos. Depende de cómo os guste el bacalao y de vuestro horno, con 5 minutos ya está al punto.

Al sacarlo del horno espolvoreamos con el perejil picado.

Notas: Este es un plato muy sencillo de hacer, pero con un resultado extraordinario. Lleva muy pocos ingredientes, pero es importante que sean de calidad; en este caso se aprecia de manera especial en el resultado final.

Se puede añadir un poco de tomate rallado a la salsa después de evaporar el alcohol del vino y dejar que se sofría antes de verterlo sobre el bacalao frito. Se aparta de la receta tradicional, pero queda también muy rico.

Se puede guisar el bacalao o cocinarlo a la *llauna* sin las alubias y acompañarlo de unas patatas panadera, hortalizas, etc.

TORTILLITA DE CAMARONES *DE ÁNGEL LEÓN*

tortillitas
camarón cocido (9 uds./pax.)
aceite de perejil
mayonesa de perejil
cebolleta thai (3 uds./pax.)
harina de camarón

PARA LAS TORTILLITAS

75 g de harina floja
35 g de harina garbanzo
550 ml de agua
10 g de sal

Turbinamos todos los ingredientes y los reservamos en frío hasta empezar a hacer las tortillitas.

PARA EL ACEITE DE PEREJIL

100 g de perejil
300 ml de aceite de girasol

Ponemos el aceite y el perejil en un robot triturador y lo trituramos todo a máxima potencia. Luego, en el mismo robot, programamos 10 minutos a velocidad 8 a 70 °C. Lo pasamos por una estameña o colador y llenamos con él una manga pastelera.

PARA LA MAYONESA DE PEREJIL

300 ml de aceite de perejil
1 yema
sal
5 g de zumo limón

Trituramos con la ayuda de un túrmix la yema con el zumo de limón y la sal, y lo emulsionamos con el aceite de perejil poco a poco.

PARA LOS CAMARONES

camarones (9 uds./pax.)
2 l de agua
60 g de sal gorda
cebolletas thai (3 uds./pax.)

Ponemos a hervir el litro de agua con 30 gramos de sal gorda, metemos los camarones unos 30 segundos y enfriamos en un baño de agua, hielo y sal.

Cortamos la parte de la cebolleta muy fina y reservamos en agua y hielo.

PARA TERMINAR

Calentamos el aceite de oliva suave en una sartén pequeña y añadimos una cucharada de la mezcla (siempre tiene que estar muy fría) al aceite bien caliente con el fuego apagado.

Dejamos cocinar la masa y la retiramos del fuego.

Escurrimos el aceite sobrante en papel absorbente y servimos sin demora, aliñado con el resto de los ingredientes.

«KOKOTXAS» DE BACALAO EN SALSA CON BERBERECHOS Y CEBOLLINO *DE MARTÍN BERASATEGUI*

PARA LAS «KOKOTXAS»

800 g de kokotxas pequeñas de bacalao fresco
1 diente de ajo picado
150 ml de aceite de oliva virgen extra
30 berberechos
50 ml de vino blanco o txakoli
1 cucharada sopera de cebollino picado
sal

Primero ponemos en una sartén de 2 litros el vino blanco y los berberechos con tapa y lo tenemos en el fuego hasta que justo estos se abran. Con ayuda de una espumadera los retiramos todos a una bandeja congelada (esto es para que pare la cocción y no se nos queden como el caucho) y se separa la carne con cuidado.

Reducimos el jugo hasta que queden tres cucharadas de postre de jugo, lo enfriamos y lo mezclamos con la carne de los berberechos.

MONTAJE

Calentamos en una sartén de 2 litros el diente de ajo picado y el aceite de oliva. Cuando el ajo empieza a bailar, añadimos las kokotxas frescas de bacalao y dejamos que se hagan durante, más o menos, 3 minutos.

Retiramos todo el aceite y lo apartamos en un bol que hemos tenido un rato en el congelador para que se enfríe ligeramente.

Ligamos las kokotxas como siempre, dando movimientos de vaivén y añadiendo el aceite retirado.

Por último, cuando está ligado, le agregamos el jugo, la carne de los berberechos (justo que les entre el calor) y el cebollino picado.

El jugo está potente de sal y por eso no sazonamos las kokotxas. Es muy importante rectificar la sazón de la cazuela al final.

BUSCANDO CANGREJOS *DE JUAN MARI Y ELENA ARZAK*

PARA EL «TXANGURRO» Y SU CORAL

1 centollo grande
2 cebollas
1 tomate maduro
½ copa de brandi
40 ml de aceite de oliva
sal

Cocemos y limpiamos los centollos de la misma manera que en el paso previo.

Limpiamos bien los caparazones y los reservamos.

Picamos la cebolla muy fina y la ponemos a pochar con un poco de aceite. Añadimos el tomate pelado y cortado en dados sin pepitas. Dejamos estofar todo durante 20 minutos. Añadimos la carne del centollo y todo su coral, flameamos con el brandi y lo movemos. Dejamos cocer el conjunto durante 2 minutos a fuego lento y probamos de sal.

PARA LA GALLETA DE CANGREJO

100 g de azúcar de melaza
12 g de miel
½ clara de huevo batida
20 ml de agua
12 g de brandi
500 g de mantequilla fundida
2,5 g de canela en polvo
2,5 g de jengibre en polvo
1,5 g de clavo molido
250 g de harina de trigo
2,5 g de levadura en polvo
sal

Mezclamos en un bol el azúcar, la harina, el jengibre, el clavo, la canela y la levadura. Una vez esté todo bien mezclado, incorporamos la miel, el agua, la clara, el brandi y la mantequilla fundida. Añadimos una pizca de sal y amasamos bien el conjunto.

Lo dejamos reposar 20 minutos y, una vez pasado ese tiempo, estiramos dando un espesor de 0,5 centímetros y lo cortamos con la ayuda de un cortapastas para darle forma de cangrejo. Lo introducimos en el horno a 175 °C durante 10 minutos.

OTROS

pétalos de flores de temporada

MONTAJE

varias algas secas
un salabardo

Colocamos sobre la red de un salabardo las algas secas.

Sobre la galleta de cangrejo, situamos la elaboración del centollo y su coral. Presentamos varias piezas sobre las algas y añadimos unos pétalos de flor sobre cada pincho.

SOPA
DE PESCADO
DE FRANCIS PANIEGO

PARA EL PURÉ BASE DE VERDURAS

250 g de patata vieja
500 g de cebolla blanca
3 zanahorias
1 puerro fino
2 hojas verdes de la penca de las acelgas
500 g de tomate de pera en conserva (lata de 5 kg)
6 l de agua
sal fina
pan de chapata

En una cazuela alta, ponemos a cocer las verduras de la siguiente manera: en el fondo de la cazuela colocamos la patata troceada a la riojana (patata rajada para que suelte la fécula al cortarla), encima la cebolla picada en mirepoise, luego la zanahoria y el puerro en rodajas, las hojas de acelga picadas, el diente de ajo y el tomate de pera con el jugo de la lata. A continuación, agregamos el pan troceado y el agua hasta cubrir todo un dedo. Ponemos la olla al fuego y la dejamos cocer.

Cuando se vean bien cocidas las verduras, las trituramos con el brazo batidor hasta obtener un puré y lo reservamos.

Hotel

PARA LA SOPA (APAÑO DEL PESCADO)

100 ml de aceite de oliva
50 g de tocino ibérico Joselito
150 g de cebolla blanca
1 kg de congrio abierto
500 g de cabeza de merluza
150 ml de whisky J&B
caldo de carne Starlux
500 g de salsa de tomate frito en conserva
10 l de agua

Aparte, en un rondón grande o en una sartén basculante, ponemos el aceite y la cebolla picada en trozos grandes con el tocino de jamón. Una vez la cebolla esté un poco cocinada, rehogaremos el cogote y la cabeza u orejas del rape (si las hubiera), el congrio partido en trozos o cualquier otro tipo de pescado blanco y fresco.

Es importante que poco a poco los tipos de pescado suelten sus jugos, porque, si lo rehogamos todo de golpe, se nos aguará y no conseguiremos que el pescado se sofría ligeramente y nos dé lo mejor de sus jugos y aromas.

Una vez rehogado, mojamos con el whisky y dejamos reducir. A continuación, añadimos la salsa de tomate, el Starlux, el agua y lo dejamos cocer todo hasta que el caldo reduzca bien a la mitad.

En el transcurso de la cocción, cuando veamos que el pescado ya va se ha cocido, lo sacamos y lo reservamos en un asador a la espera de que se enfríe para poder desmigarlo, procurando eliminar bien todas las espinas. Reservamos el pescado desmigado por un lado y los restos de las espinas las volvemos a incorporar al caldo, que dejamos cocer un poco más. Al cabo de un rato, trituramos bien todos los ingredientes del caldo vigilando que se rompan bien las espinas y lo colamos a través de un chino fino para que no nos escape ninguna.

PARA EL APAÑO FINAL DE LA SOPA

2 dientes de ajo
50 g de nueces secas peladas de lata (de 1,25 kg)
25 g de pimentón
4 huevos frescos
50 ml de brandi Soberano
70 almejas pequeñas de semicultivo

Mezclamos el caldo de pescado ya colado con el puré de verduras que hicimos previamente y con el pescado que habíamos desmigado, y lo volvemos a triturar todo bien hasta que obtengamos una textura fina y elegante.

Aparte, doramos unos dientes de ajo en una sartén, apartamos la sartén del fuego cuando estén a punto y, cuando el aceite se haya enfriado un poco, rehogamos las nueces, agregamos el pimentón y añadimos este sofrito a la sopa procurando moverlo bien y vigilando que no se nos queme el pimentón.

Damos una última cocción al conjunto para que se homogenice bien la sopa, reduzca y coja sabor. Finalmente colamos la sopa en un chino metálico que no sea excesivamente fino, volvemos a darle un hervor, rectificamos de sal y reservamos hasta que enfríe. Una vez frío, envasamos en bolsas de 5 kilos, las etiquetamos y congelamos lo que no vayamos a usar para poder echar mano de ello cuando lo necesitemos.

En el momento del pase, con una gota de aceite rehogamos en un salteado tres almejas por ración hasta que se abran ligeramente. Las retiramos y las reservamos. En el mismo salteado, añadimos la ración de sopa para que se caliente bien. Cuando la sopa esté caliente podemos añadir un poco del congrio desmigado, el huevo cocido y picado y las almejas, y rectificar de sal nuevamente.

RAMEN DE CENTOLLO

PARA EL CENTOLLO

1 centollo gallego muy fresco de entre 1,5 y 2 kg
hojas de laurel
sal marina

Preparamos una olla de gran tamaño donde entre sin problemas nuestro centollo. Introducimos una mezcla de agua con sal, a razón de 50 gramos por litro de agua. Para cocer el centollo, es importante meterlo en la olla cuando aún no esté hirviendo. De esta forma se evita que pueda perder sus patas. También es importante colocarlo bocarriba para que sus jugos, en el caso de perder sus patas, queden en su propia concha. Cuando el agua comience a hervir será cuando haya que empezar a contar el tiempo de cocción. Lo normal es que el tiempo y la forma de cocerse dependan del tamaño del centollo. A un ejemplar de 1,5 kilos, le corresponderán, aproximadamente, unos 20 minutos.

Una pieza de menos de un kilo estará lista en unos 17 minutos, mientras que una grande, de más de dos kilos necesitará, al menos, 25 minutos para estar a punto.

Una vez tengamos preparado el centollo, apartamos la olla del fuego y lo sacamos. Lo dejamos enfriar a temperatura ambiente unos 20 minutos. Arrancamos las patas y las limpiamos con cuidado, reservando por separado las carnes, los jugos y el caparazón, que podremos utilizar para servir una buena ración de nuestro ramen.

PARA LOS FIDEOS

600 g de harina de fuerza
250 ml de agua
4 yemas de huevo
20 g de sal
10 g de bicarbonato horneado (carbonato de sodio)

Para esta receta de fideos chinos necesitamos carbonato de sodio, que conseguiremos horneando bicarbonato de sodio en una fuente. Para ello espolvoreamos el bicarbonato sobre papel sulfurizado y lo coceremos durante 1 hora y 30 minutos a 140 °C. Hay que vigilar a la hora de llevar a cabo esta elaboración, ya que tiene cierta peligrosidad al ser un poco tóxica. El carbonato de sodio nos servirá para simular las propiedades alcalinas del agua de los pozos de Japón que utilizan en la elaboración de los fideos.

En un robot de cocina ponemos la harina junto con las yemas y amasamos. A continuación, añadimos el agua con el carbonato sódico ya diluido y la sal. Al ser una masa muy dura, acabamos de trabajarla con las manos hasta conseguir que quede perfecta haciendo fuerza y plegando la masa para que los ingredientes queden totalmente integrados. Dejamos reposar la masa por lo menos 1 hora en la nevera y, tras ese tiempo, la estiramos con una máquina de pasta, primero en posición 8 hasta tres veces, luego en posición 4 tres veces más. En este punto extendemos un poco de almidón de trigo (maicena) para aportar una textura gelatinosa al fideo. Una vez bien estirada utilizamos el corte de fideo y lo pasaremos por la máquina. Hervimos 1 minuto la pasta en abundante agua hirviendo y enfriamos en agua helada. Reservamos.

PARA LOS HUEVOS MARINADOS

huevos muy frescos
240 ml de agua
120 ml de soja
2 cucharaditas de mirin
2 cucharaditas de sake
1 cucharadita de azúcar

Pasamos los huevos por agua, los cocemos 6 minutos exactos en agua hirviendo y los enfriamos en agua helada. Los pelamos y dejamos marinando con el resto de los ingredientes un mínimo de 4 horas y un máximo de 12.

PARA EL CALDO

jugos del centollo
agua mineral para completar 1 l junto con los jugos del centollo
20 g de alga kombu
30 g de bonito seco katsuobushi
miso rojo
salsa de soja

Para el caldo utilizaremos un caldo dashi tradicional. Ponemos a infusionar durante 15 minutos el alga kombu en el agua. Sin llegar a hervir, añadimos el bonito seco katsuobushi y lo dejamos infusionar otros 15 minutos. Colamos el caldo y le añadimos una cucharadita de miso rojo como sazonador, otra de soja y los jugos interiores del centollo. Reservamos.

MONTAJE

Colocamos en boles de buen tamaño entre 150 y 200 g de fideos recién cocidos y calientes, encima disponemos medio huevo curado, dos o tres buenas cucharadas de carne de centollo y los complementos que más nos gusten: setas ligeramente salteadas, naruto, brotes, verduras, otras carnes, encurtidos, etc. Delante del comensal mojamos hasta cubrir los fideos con el caldo de centollo.

BRANDADA DE BACALAO CON CRUJIENTE DE PATATA Y CREMOSO DE PIQUILLO

PARA LA SALSA DE PIQUILLO

1 ajo
1 cebolla
400 g pimientos del piquillo
1 dl de vino blanco seco
½ vasito de picada (avellana, almendra, ajo seco, perejil, pan seco)
200 ml de fumet (ver el recetario básico)
sal
pimienta

Ponemos el ajo y la cebolla picados a sofreír en un cazo. Cuando estén pochados añadimos los pimientos del piquillo y el vino blanco, dejamos que evapore el vino y que caramelicen bien los pimientos. Añadimos la picada y mojamos con el fumet. Para el fumet podemos utilizar las pieles y los recortes de bacalao que nos han sobrado, alguna cebolla, un poco de puerro, apio y ajo.

Una vez cocinado, trituramos y colamos fino, rectificamos la textura de la salsa al gusto, con copos de patata si ha quedado muy líquida o con fumet si ha quedado espesa.

PARA LA BRANDADA DE BACALAO

900 g de bacalao desmigado desalado
150 g de aceite de ajo y guindilla
3 dientes de ajo
125 g de patata cocida
75 g de mascarpone
150 g de aceite de oliva virgen
sal

En una sartén ponemos el aceite de ajo y guindilla y el ajo picado fino sin que llegue a coger color, añadimos el bacalao desmigado y cocinamos a fuego suave un par de minutos para que deje ir el colágeno. Retiramos del fuego.

Ponemos el bacalao y todos los jugos en un robot de cocina junto con la patata cocida y el mascarpone, y lo trituramos añadiendo el resto del aceite de oliva virgen hasta que el conjunto esté montado y quede muy cremoso. Rectificamos de sal si fuera necesario.

PARA EL CRUJIENTE DE PATATA

1 patata rallada fina (hilos de patata)
aceite de oliva virgen

En una sartén anthiaderente pequeña y caliente distribuimos por la base la patata rallada fina con la ayuda de un tenedor, formando un disco regular de 2 a 3 milímetros. Secamos un poco la patata y rociamos con un hilo de aceite hasta que quede 1 milímetro de altura en la base. Dejamos freír hasta que quede crujiente y damos la vuelta por el otro lado. Terminamos de dorar a fuego medio. Salamos y reservamos en papel absorbente.

MONTAJE

En un plato llano caliente dibujamos unos trazos elegantes con la salsa de piquillo. Disponemos una buena cucharada de brandada en el centro y colocamos encima un trozo del crujiente de patata, encima un poco más de brandada, otro trozo de crujiente, un poco más de brandada y un último trozo de crujiente, de forma que nos quede una estructura con volumen y bien dispuesta. Acabamos rociando con salsa de piquillo por encima y unos brotes de cebollino rizado.

COCINA en CASA con JORDI CRUZ

CARNES

CARNES

CARNES

CARNES

CARNES

CARNES

CARNES

CARNES

CARNES

CARNES

CARNES

CARNES

RABO DE TERNERA CON CREMOSO DE PATATAS

PARA EL CALDO DE CARNE

2,5 kg de hueso de caña de ternera
2 kg de hueso de rodilla de ternera
½ pie de ternera
3 cebollas
2 puerros
5 zanahorias
¼ de apio bola
¼ de bulbo de hinojo
5 tomates
½ litro de vino tinto
½ cabeza de ajo
10 g de azúcar
5 l de agua
100 ml de aceite de oliva suave

Precalentamos el horno a 200 °C para tostar los huesos dispuestos en una bandeja. Cuando el horno esté caliente, la introducimos en él. Lo dejamos hasta que los huesos adquieran un tono dorado. Pelamos y cortamos todas las verduras en dados de 2 por 2 centímetros, aproximadamente.

En la cazuela donde vamos a preparar el caldo, ponemos un poco de aceite, doramos el ajo entero y sin pelar, aromatizando. Seguidamente, echamos la cebolla y dejamos cocer unos minutos antes de agregar el resto de las verduras, a excepción del tomate. Dejamos pochar hasta que queden bien sofritas y adquieran un color caramelo. En una olla, reducimos el vino con el azúcar hasta la mitad.

Añadimos el tomate al sofrito de verduras y acabamos de sofreír. Justo después, echamos los huesos que hemos tostado en el horno, procurando evitar la grasa que hayan podido soltar. De igual modo, incluimos en la cazuela el pie de ternera en crudo y añadimos el vino que teníamos reduciendo. Dejamos hervir 5 minutos antes de mojar con agua.

Lo hervimos todo muy lentamente unas 6 horas antes de colarlo con una estameña. Reservamos en la nevera toda una noche para conseguir que el caldo repose y así poder retirar la grasa que habrá subido a la superficie endurecida a consecuencia del frío.

PARA EL RABO DE TERNERA

1.500 g de rabo de ternera
2,5 l de caldo de carne (receta anterior)
1 cucharada de sal
1 cucharada pimienta blanca
1 cucharada de harina de trigo
150 ml de aceite de oliva virgen extra
3 cebollas
3 zanahorias
1 puerro
3 dientes de ajo
750 ml de vino tinto cabernet sauvignon
1 hoja de laurel
1 ramita de tomillo
2 ramas de perejil
70 g de mantequilla
1 cucharada de pimienta negra

Cortamos el rabo por la coyuntura, entre vértebra y vértebra, para dejar al aire toda la gelatina de la unión del hueso (esto le aporta al guiso más melosidad). Retiramos la grasa exterior de los trozos obtenidos. Salpimentamos en este momento con pimienta blanca los trozos de rabo y los enharinamos.

Disponemos el aceite en una cazuela amplia y doramos en él los trozos de rabo hasta que estén sellados, retiramos los trozos de rabo y eliminamos el aceite. Sin limpiar la cazuela, para no perder todo el jugo que quede en el fondo, pochamos todas las verduras, cortadas en mirepoix.

Cuando las verduras estén doradas, salpimentamos el conjunto con pimienta negra, incorporamos otra vez los trozos de rabo, removemos unos instantes y mojamos con el vino. Dejamos reducir a la mitad e incorporamos el caldo de cocido, las hojas de perejil, el tomillo y la hoja de laurel. Tapamos la cazuela y cocemos a fuego lento.

En cuanto la carne esté casi cocinada, retiramos los trozos de rabo con cuidado. Colamos la salsa y le añadimos la mantequilla en trozos, poco a poco, para que reduzca bien, emulsione y coja brillo. Incorporamos la salsa, ya perfecta de textura y de sal, al rabo, y pasamos nuevamente a cocer hasta que la carne se separe fácilmente del hueso.

Nota: Podemos acompañar con mil elaboraciones y guarniciones, pero pocas nos darán mejor resultado que un buen puré de patata emulsionado con mantequilla fresca.

CROQUETAS MELOSAS DE JAMÓN Y POLLO

250 g de contramuslo de pollo
100 g de cebolla de Figueres
80 g de mantequilla
100 g de jamón
100 g de harina de trigo
1 l de leche
400 ml de caldo de gallina asada (véase el recetario básico)
1 huevo cocido
50 ml de vino rancio
aceite de oliva virgen extra
pan rallado
huevo batido
1 cucharada de aceite de oliva virgen extra (para el sofrito)
sal y pimienta para sazonar el contramuslo

Rehogamos en una cazuela con un poco de aceite la cebolla cortada en juliana gordita. Una vez la cebolla se ha dorado muy bien, la retiramos y, en el mismo recipiente, rehogamos el contramuslo de pollo rectificado de sal y pimienta. Cuando ya esté bien dorado, desglasamos el conjunto con el vino rancio, mojamos con el caldo y dejamos cocer hasta que el conjunto esté seco y el pollo bien guisado.

Una vez frío, picamos menudamente el guiso de contramuslo.

En una cazuela, derretimos a fuego lento la mantequilla; añadimos el jamón picado muy fino y lo rehogamos bien. En cuanto esté rehogado agregamos el picado de guiso de pollo. Añadimos la harina poco a poco y lo trabajamos todo con una varilla al tiempo que incorporamos la leche caliente en pequeñas cantidades. Cuanto más se trabaja esta bechamel, más fina y homogénea queda. Hay que procurar que quede suave y ligera (pero no clara). Cuando terminemos y la probemos de sal, incorporamos el huevo cocido bien picado.

Dejamos enfriar la masa y, cuando esté bien fría, moldeamos las croquetas; las pasamos primero por pan rallado muy fino, luego por el huevo batido y otra vez por pan rallado, y ya están preparadas para freír.

Las freímos en abundante aceite caliente a 180 °C.

PIES DE CERDO GUISADOS CON GAMBAS Y CREMA DE GARBANZOS A LA VAINILLA

PARA LOS PIES DE CERDO

4 pies de cerdo deshuesados enteros
1 morcilla o butifarra negra
1 ramita de apio blanco
1 zanahoria grande
1,5 blanco de puerro
10 dientes de ajo sin pelar
1 ramita de tomillo fresco
1 ramita de romero fresco
8 tomates secos
5 tomates sin piel ni pepitas
1,2 dl de coñac o brandi
60 g de grasa cerdo Ibérico
60 g de mantequilla
12 granos de pimienta negra
5 semillas de cardamomo
3 l de caldo de ave y carne (véase el recetario básico)
2 dl de salsa demi-glace
0,75 dl de vino de Oporto
sal
50 ml de aceite

Ponemos los tomates secos en remojo 1 hora. Cortamos todas las verduras en dados pequeños y regulares. Doramos los ajos con la mantequilla a fuego suave. Introducimos el romero, el tomillo, la pimienta, la grasa de ibérico, el cardamomo y las verduras menos el tomate y las rehogamos a fuego suave 30 minutos. Añadimos el tomate en dados, rehogamos un poco más y flameamos con el brandi. Cambiamos el conjunto a otro recipiente untado con aceite y con los pies colocados en el fondo, mojamos con el consomé de ave y cocemos. En el primer recipiente reducimos el oporto y la salsa de carne. Lo añadimos al guiso y cocemos por espacio de 2 horas aproximadamente. Sacamos los pies del guiso y los extendemos entre láminas de silicona, los introducimos en la nevera hasta que tomen consistencia dura. Recortamos los bordes dejando forma de rectángulo. En el centro de los pies ponemos una tira de butifarra negra, enrollamos con papel film bien apretado formando un cilindro y lo dejamos cuajar en la cámara. Colamos el guiso con ayuda de un colador fino. Reducimos el jugo resultante con una nuez de mantequilla hasta que tome una textura muy untuosa.

PARA LA CREMA DE GARBANZOS A LA VAINILLA

100 g de garbanzos de calidad
1 zanahoria
5 cebolletas
2 dientes de ajo
1 vaina de vainilla
40 g de jugo de guiso (de la propia cocción)
0,5 dl de vino blanco
1,8 l de agua
aceite

Cortamos la zanahoria, una cebolleta y un ajo. Lo colocamos junto con los garbanzos en una cazuela con 1,8 litros de agua. Dejamos reposar una noche. Cocemos los garbanzos a fuego suave hasta que estén tiernos. Rehogamos las cebolletas y el ajo restantes con un poco de aceite. Reducimos el vino blanco y añadimos la vaina de vainilla raspada. Salteamos ligeramente e introducimos los garbanzos y 4 decilitros de jugo de cocción. Cocemos 5 minutos más, retiramos la vainilla y trituramos hasta conseguir una crema de textura delicada. Rectificamos si fuera necesario.

PARA LAS GAMBAS

4 gambas
5 dl de agua mineral
40 g de sal marina
aceite de oliva

Limpiamos las gambas pelando la cola y retirando el intestino con la ayuda de una puntilla fina. Diluimos la sal en el agua, colocamos las gambas en la salmuera durante 2 minutos. Antes de terminar la receta, marcamos las gambas en una sartén a fuego medio con un hilo de aceite. Dejaremos las gambas ligeramente doradas, un poco crudas pero calientes.

MONTAJE

escamas de sal
garbanzos

Retiramos el papel film de los cilindros y cortamos las puntas. Cortamos cada tubo en tres y los pincelamos con un poco de aceite de oliva. Asamos los cilindros en la sartén hasta que estén dorados por todos los lados. En el plato, realizamos tres lagrimitas de crema de garbanzos. Colocamos los cilindros de pies que habremos acabado al horno durante 10 minutos a 160 °C. Napamos con la salsa y colocamos las gambas, aliñamos con escamas de sal y unos garbanzos enteros ligeramente salteados.

Nota: Esta receta está muy buena con gambas de calidad, pero, como todo buen «mar y montaña», podemos utilizar cigalas, carabineros, bogavante, etc.

JARRETE DE CORDERO CON PEQUEÑAS ALCACHOFAS A LA PARRILLA, JUGO CARAMELIZADO, AJOS COMPOTADOS, CUAJADA AL MOMENTO Y BROTES DE PINO

PARA EL TOFE DE CAFÉ

½ vaina de vainilla
150 ml de nata
100 g de azúcar
1 g de café soluble

Infusionamos la vainilla en la nata, caramelizamos el azúcar y, cuando adquiera un bonito color, añadimos la nata. Cuando deje de hervir, agregamos el café. Dejamos atemperar y reservamos en la nevera.

PARA EL JUGO DE CORDERO

2 kg de huesos y recortes de cabrito o cordero
1 dl de aceite de oliva
4 tomates maduros
2 zanahorias medianas
2 cebolletas
1 cebolla
1 blanco de puerro
1 ramita pequeña de apio
1 cabeza de ajo
1 ramita de romero
3 dl de coñac o brandi
6 l de agua
tofe de café (receta anterior)

Colocamos los huesos de cabrito en una fuente y los asamos con un poco de aceite hasta que tomen un bonito tono dorado. Añadimos todas las verduras y las hierbas aromáticas, limpias y troceadas menudas. Asamos el conjunto hasta que quede bien dorado y desglasamos con el licor. Pasamos a una olla con el agua y cocemos a fuego muy suave de 3 a 4 horas. Pasamos por un chino y reducimos hasta obtener una salsa densa.

Añadimos de 30 a 50 gramos de tofe de café, lo justo para darle un toque a 250 mililitros de fondo de cordero bien reducido. Damos un hervor antes de utilizarlo.

PARA LOS JARRETES DE CORDERO

4 jarretes de cordero
4 ajos
40 ml de aceite de oliva
4 ramitas pequeñas de tomillo
4 ramitas pequeñas de romero
4 dl de agua (para el asado tradicional)
sal
pimienta
0,5 dl de jugo de cabrito

ASADO TRADICIONAL

Untamos con un poco de aceite nuestros jarretes y seguidamente los salpimentamos. Los metemos en una bandeja de horno (si tiene rejilla, mejor) durante 45-50 minutos a 180 °C.

Cada 15 minutos lo vamos a regar con una mezcla de agua y el resto de los ingredientes picados. Como veis en la foto he puesto debajo las patatas, así cuando riegue los jarretes de cordero les caerá la salsa. Si lo ponemos todo junto en una bandeja podemos correr el riesgo de que nuestro jarrete se «cueza» en el caldo y lo que queremos es asarlo. Si vemos que le falta tiempo lo dejamos unos minutos más y listo.

ASADO MODERNO

Pelamos los ajos y los asamos en el aceite partiendo de frío. Cuando estén asados, los sacamos del aceite que reservamos para saltear las setas. Envasamos cada jarrete bien salpimentado, añadimos a cada bolsa de cocción 0,5 decilitros de jugo de cabrito, una hojita de romero y una de tomillo. Añadimos un ajo asado y envasamos las piezas al vacío. Escaldamos cada bolsa en agua hirviendo durante 3 segundos con el fin de retractilar la bolsa. Enfriamos con agua fría. Colocamos las bolsas en un baño de agua a 63 °C. Mantenemos esa temperatura durante 24 horas; pasado este tiempo, cortamos la cocción con agua helada y reservamos las bolsas secas en la cámara.

PARA LA CREMA DE AJO ASADO

3 cabezas de ajos
1 vaina de vainilla picada fina
30 g de mantequilla
50 ml de consomé o caldo de pollo
un poco de sal

Asamos las cabezas de ajos con la mantequilla y la vainilla, envueltas en papel de aluminio, durante 45 minutos a 170 °C. Dejamos enfriar y después extraemos toda la carne del ajo. Mezclamos con el caldo y trabajamos con un túrmix hasta conseguir una crema untuosa, rectificamos con un poco de sal y reservamos en caliente.

PARA LAS PEQUEÑAS ALCACHOFAS

alcachofas minis (4 o 5 por ración)
aceite de oliva
brotes verdes de pino (opcional)
1 hojas de laurel
1 ajo pelado sin germen
pimienta en grano
un poco de sal

Limpiamos las alcachofas dejando las hojas enteras. Las introducimos en un cazo y cubrimos con aceite de oliva de calidad y con un puñado de brotes verdes de pino (opcional), una hoja de laurel, un ajo y unos granos de pimienta negra ligeramente machacados. Cocinamos a pequeños borbotones durante 45 minutos y conservamos en el mismo aceite hasta su uso.

En el momento de terminar la receta, cortamos por la mitad las alcachofas y las marcamos en una brasa o en una sartén antiadherente.

PARA LA CUAJADA DE LECHE DE OVEJA

300 g de leche fresca de oveja ecológica
8 gotas de cuajo vegetal

Calentar la leche a 55 °C, mezclarla y dejar que cuaje con el cuajo vegetal *à la minute*.

OTROS

brotes jóvenes de pino
crema de ajo compotado a la vainilla (véase el recetario básico)
cecina de cordero

MONTAJE

Asamos el jarrete de cordero en una parrilla o en el horno en el caso del jarrete tradicional y lo glaseamos con la salsa tofe de cordero; asamos también las pequeñas alcachofas. En platos llanos, colocamos las costillas, las alcachofas y salseamos de nuevo. Terminamos con unos puntos de crema de ajo compotado, brotes de pino aliñados con aceite de pino ahumado y un par de láminas de cecina de cordero crujiente.

Servimos la cuajada a un lado del montaje del plato delante de los comensales y, al finalizar la degustación del plato, servimos la infusión, como si fuera un té.

POLLO ASADO CON MEGACHIPS FRITOS Y AL HORNO

PARA EL POLLO

1 pollo entero de 1,4 kg
1 hoja de laurel
tomillo
romero
hierbas de Provenza
albahaca
una pizca de pimentón de la Vera ahumado
2 ajos aplastados
1 cucharada de café de ajo en polvo
limón
pimienta
sal
aceite

Lo primero que necesitamos para esta receta es un buen pollo de aproximadamente 1,4 kilos. Lo evisceramos bien y lo quemamos con el soplete para eliminar posibles restos de plumas. El pollo es delicado de sabor y es muy importante sazonarlo bien con sal y el resto de los sazonadores para que quede sabroso. Dejamos atemperar el pollo fuera de la nevera antes de asarlo. Untamos de aceite para que las especies, secas y molidas, y el ajo se adhieran a la piel del pollo correctamente. Lo ideal es dejar marinar el pollo unas horas antes de asarlo para que tome el sabor de todos los aliños.

Una vez en la fuente donde cocinaremos el pollo aliñamos con el zumo de medio limón y la mitad sobrante la introducimos en el pollo, junto con el laurel, los ajos, una rama de romero y una de tomillo fresco, sal y pimienta. Finalmente bridamos las patas para cerrar el interior y lo metemos en el horno con una ligera inclinación, dejando el pollo en la parte alta de la fuente para poder aprovechar los jugos y glasear durante la cocción. El pollo lo disponemos con las pechugas hacia abajo para protegerlas de la cocción y asegurarnos de que queden jugosas.

Hacemos una primera cocción de 1 hora en el horno tradicional ventilado a 180 °C. Una vez pasado este tiempo, damos vuelta al pollo y lo asamos 30 minutos más. A lo largo de esta hora y media vamos glaseando las carnes del pollo con los jugos de la cocción y así nos quedará un pollo perfectamente asado.

PARA LOS MEGACHIPS DE PATATA

100 g de copos de patata
10 g de almidón de trigo
5 g de sal
50 ml de aceite
150 ml de agua

En un recipiente mezclamos los copos de patata con el almidón, la sal, el aceite y finalmente el agua. Amasamos bien. Una vez hecha la mezcla, la estiramos en un papel sulfurizado y con otro papel encima pasamos un rodillo para conseguir una capa bien fina de patata, de unos 1 a 2 milímetros de grosor. Ponemos la masa 2-3 minutos en el horno a 170 °C y pasado este tiempo retiramos el papel sulfurizado de encima y dejamos cocinar la patata durante 17 minutos más. Al hacerlo de este modo, obtenemos unos megachips de patata al horno con muy poca grasa.

Nota: Podemos añadir el saborizante que más nos guste a nuestros megachips: especias, hierbas, salsas, etc.

OTROS CHIPS INTERESANTES PARA ACOMPAÑAR NUESTRO POLLO ASADO

patata para freír
yuca en polvo
alcachofa
plátano macho
canela en polvo
nuez moscada

Para que los chips nos queden perfectos, necesitamos una mandolina sencilla con la que hacer un corte fino y una freidora que nos permita freírlos a 180 °C.

Para la patata: la pelamos y a continuación la cortamos con una mandolina con un grosor de 1 milímetro. Ponemos a freír los chips uno a uno para que no se enganchen entre ellos. Cuando dejen de bailar, los sacamos y escurrimos en papel secante y, aún calientes, los salamos.

Para la alcachofa: la limpiamos bien, le sacamos los pelos del interior y, una vez que estén abiertas por la mitad, hacemos chips bien finos con la mandolina. Los ponemos a freír. Cuando estén listos, los secamos en papel y salamos.

Para la yuca: la pelamos bien y la pasamos por la mandolina. La freímos como hemos hecho con la patata. Junto con la sal, espolvoreamos un poco de canela en polvo, que combina muy bien.

Para el plátano macho: lo pelamos y lo pasamos por la mandolina. Una vez frito y seco, lo salamos y rallamos un poco de nuez moscada por encima.

Pasamos todos los chips por papel de cocina para eliminar el exceso de aceite y servimos sin demora.

LOS CALLOS *DE PEPE*

3,5 kg de callos muy limpios
750 g de patatas de ternera
750 g de morro de ternera
1 cebolla
3 hojas de laurel
10 clavos de olor
1 cebolla morada entera de tamaño medio
1 cabeza de ajo
1 kg de huesos de jamón
100 g de cebolla pochada
25 g de pimentón dulce de la Vera
2 cayenas secas
sal
pimienta negra

Para esta receta, lo más importante es tener un casquero de confianza que nos aprovisione de una casquería muy fresca y perfectamente limpia.

Ponemos a cocer en una cazuela amplia con tapa las patas de ternera solo partidas por la mitad, los callos y el morro cortados a tamaño de bocado, todo cubierto de agua fría sobrepasando un par de centímetros la superficie. Añadimos a la cazuela la cebolla morada pinchada con los clavos de olor, el laurel, la cayena, los huesos de jamón y la cabeza de ajo. Cocemos durante 2 horas y 30 minutos a fuego suave a partir del hervor. A media cocción corregimos de sal y de pimienta, siempre pensando que el conjunto final habrá de estar todo muy concentrado y reducido.

Transcurrida 1 hora y 30 minutos de cocción, sacamos las dos mitades de la pata de ternera, retiramos los huesos y cortamos las carnes limpias también a tamaño de bocado. Las añadimos de nuevo al guiso y seguimos con la cocción.

Mientras esta avanza, picamos dos o tres cebollas muy finamente y las pochamos con un poco de aceite hasta que estén traslúcidas y bien caramelizadas. Pesamos 100 gramos de esta cebolla y la sofreímos de nuevo un par de minutos con el pimentón.

Unos 25 minutos antes de terminar la cocción de las carnes, agregamos el sofrito de cebolla y pimentón para que se impregne bien sin que este último pierda personalidad.

Terminada la cocción, retiramos los huesos de jamón, reservamos la cebolla y los ajos cocidos y colamos. Dejamos las carnes en la cazuela, limpias de otros ingredientes de cocción. Trituramos la cebolla pochada y la cabeza de ajo con el caldo resultante y lo pasamos por un colador muy fino. Añadimos la salsa resultante a los callos, rectificamos de sal si fuera necesario y ya estarían listos.

Nota: Esta receta, como sucede con otras muchas de nuestra gastronomía tradicional, mejora incluso con el reposo de un día para otro. En el momento de calentar de nuevo nuestros callos, si lo necesitan, incorporamos un poco de caldo de carne ternera o pollo y reducimos todo hasta que tengamos un guiso bien trabado, denso en boca, pero suave y meloso, ¡un guiso de esos que pegan los morros y nos hacen disfrutar como si no hubiera un mañana!

Para acompañar esta receta solo se necesita una buena hogaza de pan y un vino bien rico.

CARRILLERA DE CERDO IBÉRICO, VERDURITAS SALTEADAS Y PURÉ DE GARBANZOS CON ESPECIAS DE LA INDIA

PARA EL JUGO DE CERDO ASADO

1 espinazo de cerdo
500 g de recortes de cerdo con muy poca grasa
6-8 l de agua
2 zanahorias medianas
2 cebolletas
1 cebolla
1 blanco de puerro
1 ramita pequeña de apio
1 cabeza de ajo
2 dl de vino de Oporto
1 dl de coñac o brandi
50 g de mantequilla
sal
pimienta

Cortamos el espinazo en trozos, desangramos los huesos y recortes de carne durante 5 minutos en agua helada. Escurrimos las carnes perfectamente y las colocamos en una fuente amplia. Las asamos con un poco de aceite hasta que queden bien tostadas.

Limpiamos y pelamos todas las verduras, las cortamos menudas y las rehogamos con un poco de aceite hasta que tomen un ligero tono dorado. Añadimos las verduras y las hierbas aromáticas y cocemos el conjunto 5 minutos más.

Desglasamos la fuente con los licores y lo vertemos a una olla con el agua. Cocemos de 3 a 4 horas a fuego suave y lo pasamos por un colador fino. Si utilizamos este jugo como salsa o base para una receta, lo reducimos con una nuez de mantequilla hasta conseguir la textura deseada.

PARA LAS CARRILLERAS DE CERDO IBÉRICO

carrilleras de cerdo ibérico
jugo de cerdo concentrado
ajos pelados
romero
tomillo
sal
pimienta negra

Pulimos las carrilleras y las doramos muy rápido en una sartén antiadherente con un poco de aceite. Solo pretendemos dar color a la pieza, no cocinarla.

Envasamos en una bolsa de cocción las carrilleras con un poco de jugo de cerdo, un ajo, unos aromáticos, sal y pimienta. Cerramos la bolsas al vacío y las escaldamos en agua hirviendo durante 3 segundos con el fin de retractilarlas. Las enfriamos en agua helada para plastificarlas.

Cocinamos las carrilleras de 24 a 30 horas en un baño u horno al vapor a 64 °C. Terminada la cocción, las enfriamos en agua helada y reservamos las bolsas secas en la cámara.

Nota: La cocción que más me gusta para esta carne es la baja temperatura, pero, evidentemente, nada tiene que envidiar a las guisadas de modo tradicional. Para ello, solo tenemos que aunar las dos elaboraciones, salsa y cocción de las carnes en un solo paso, es decir, hacemos el caldo de cerdo asado y, cuando lo tengamos cocido y colado, justo antes de reducir, lo reservamos.

Doramos en un recipiente alto las carrilleras salpimentadas, mojamos con algún vino a nuestro gusto y añadimos un sofrito; si lo vemos necesario, bañamos con el caldo y lo reducimos lentamente a la vez que cocemos las carrilleras. La cocción a fuego suave será de 45 minutos a 1 hora, justo hasta que estén bien tiernas y la salsa reducida y brillante.

PARA LAS VERDURITAS SALTEADAS

verduras jóvenes de temporada
mantequilla
sal
pimienta

Realizamos una pequeña menestra de verduras cortadas y pulidas. Las cocinamos en diferentes aguas respetando la cocción de cada una de ellas y las enfriamos en agua helada para que mantengan el color. En el momento de servir, las salteamos con un poco de mantequilla y las salpimentamos.

PARA LA CREMA DE GARBANZOS CON ESPECIAS DE LA INDIA

100 g de garbanzos de calidad
1 zanahoria
5 cebolletas
2 dientes de ajo
1 g de garam masala
sal
pimienta blanca

Para la crema de garbanzos con especias de la India, cortamos la zanahoria, una cebolleta y un ajo, y los colocamos junto con los garbanzos en una cazuela con 1,8 litros de agua. Dejamos reposar una noche.

Cocemos los garbanzos a fuego suave hasta que estén tiernos. Reservamos 100 gramos de caldo de cocción para acabar la crema.

Rehogamos las cebolletas y el ajo restantes con un poco de aceite hasta que estén ligeramente dorados, añadimos las especias y las rehogamos 1 minuto con sofrito para «despertarlas». Añadimos los garbanzos al sofrito especiado y 4 decilitros de jugo de cocción. Cocemos 5 minutos más, lo trituramos en un robot hasta conseguir una crema de textura delicada y rectificamos si fuera necesario.

Podemos realizar esta receta con garbanzo cocido, mojando con caldo de verduras o carne.

OTROS

aceite de trufa (elaborado con aceite de trufa negra y viruta de piel o picada de *Tuber indicum*)
escamas de sal

MONTAJE

En el plato, colocamos un par de cucharadas de crema de garbanzos. Ponemos también las verduritas que habremos salteado y acabado con un golpe de horno. Glaseamos con la salsa de las carrilleras y las colocamos de manera elegante encima de las verduras. Aliñamos con escamas de sal y un hilo de aceite de trufa.

FRICANDÓ

- 1 kg de cortes de 0,5 cm de espaldilla, cañón o babilla de ternera
- 50 g de manteca de cerdo
- 150 g de aceite de oliva
- 1 rama de apio
- 1 puerro
- 3 zanahorias medianas
- 2 cebollas
- 3 hojas de laurel
- 3 dientes de ajo
- 5 tomates maduros
- 100 ml de vino rancio
- harina
- 1,5 l de caldo de ternera, pollo o agua en su defecto
- tomillo, romero, anís en grano, pimienta negra, orégano y nuez moscada
- 500 g de setas para guisar (*Boletus*, mucosas, rebozuelos o angulas de monte)

Empezamos cortando todas las verduras bien menudas y regulares, y las reservamos.

Escaldamos los tomates 1 minuto y los pelamos. Los trituramos con un hilo de aceite y sal y los reservamos.

Salpimentamos los cortes de ternera y los enharinamos, sacando el exceso de harina que pueda quedar.

En una cazuela amplia añadimos la manteca de cerdo y esperamos que se funda. Inmediatamente, incorporamos un buen chorro de aceite de oliva y aplicamos fuego medio alto hasta que adquiera el conjunto de las dos grasas temperatura de fritura (de 180 a 200 °C).

Freímos los trozos de ternera enharinados y los reservamos.

Vamos retirando las carnes doradas en una fuente y, una vez terminado el marcado en la misma cazuela, pochamos las verduras picadas hasta que estén tiernas. Añadimos los tomates triturados al sofrito y cocemos hasta concentrar todos los sabores.

Picamos en un mortero las especias (tomillo, romero, orégano, anís en grano, pimienta negra y nuez moscada), las añadimos al guiso y removemos un poco e incorporamos el vino rancio y esperamos a que se evapore el alcohol.

Añadimos las carnes doradas y el laurel y rectificamos de sal y pimienta. Tapamos y dejamos que den un hervor suave durante 1 hora.

Mientras, a media cocción, salteamos en una sartén las setas perfectamente limpias y reservamos.

Una vez haya pasado 1 hora de cocción, y ligeros borbotones, incorporamos las setas a la cazuela y un poco más de caldo o agua si fuera necesario. Volvemos a tapar y lo dejamos otra hora más a fuego suave. Iremos removiendo ligeramente de tanto en tanto.

Una vez pasado el tiempo de cocción, rectificamos si fuera necesario (sal, pimienta negra, especias).

Nota: Al final, o terminando la cocción, subimos el fuego para concentrar un poco más rápido la salsa. También podemos añadir una picada tradicional para dar más sabor y consistencia al guiso.

Como sucede en gran número de guisos, el fricandó se puede comer recién hecho, pero mucho mejor si lo dejamos reposar uno o dos días bien tapado, una vez frío, en la nevera.

PATO CON NABOS DE TALLTENDRE *DE JOAN ROCA*

PARA EL PATO CURADO Y AHUMADO

10 magrets de pato de bellota (cinco bellotas)
1 kg de sal
300 g de azúcar
8 g de sal nitro
1 cucharada sopera de agua

Mezclamos ambas sales con el azúcar.

Por otro lado, sumergimos las pechugas (magrets) de pato en agua y hielo, y las dejamos desangrarse durante 8 horas cambiando el agua cada 4. Transcurrido este tiempo, las retiramos y secamos concienzudamente.

Rebozamos cada uno de los magrets con la mezcla anterior y los dejamos curar en cámara durante 2 horas. A continuación, los lavamos con agua y secamos de nuevo. Los envasamos al vacío y dejamos madurar en cámara durante 3 días. Los reservamos para el proceso de ahumado.

PARA EL AHUMADO

10 magrets de pato de bellota curados y madurados
300 g de salsa de soja
30 g de vinagre de arroz
80 ml de aceite de oliva virgen extra

Mezclamos los líquidos y los introducimos en un recipiente hermético para dejarlos reposar en cámara durante 3 días. Transcurrido este tiempo, pintamos los magrets curados con la mezcla y los ahumamos en un horno de barro con leña de encina a 60 °C durante 1 hora. A continuación, los retiramos y dejamos enfriar. Los envasamos al vacío y reservamos en cámara hasta el momento del pase.

PARA EL NABO DE TALLTENDRE* ENCURTIDO

120 g de nabo de Talltendre lavado
200 ml de agua
60 g de azúcar
60 g de vinagre de vino chardonnay
10 g de sal

Pelamos el nabo y lo laminamos a 1 milímetro de grosor.

Por otro lado, introducimos el resto de los ingredientes en un cazo y los llevamos a ebullición. Una vez arranque el hervor, los vertemos sobre las láminas de nabo. Tapamos y lo dejamos encurtir en cámara durante 24 horas. Transcurrido ese tiempo, extraemos el nabo y lo escurrimos. Lo cortamos en juliana fina y lo reservamos hasta el momento del pase.

PARA EL AIRE DE NABO DE TALLTENDRE

80 g de recortes de nabo de Talltendre
100 ml de agua
2,5 g de sal
1,8 g de sucroéster

Trituramos los recortes de nabo con el agua y la sal en el túrmix. Lo colamos y agregamos el emulsionante, el sucroéster. Lo turbinamos incorporando aire hasta montar la mezcla. Lo trituramos y lo reservamos hasta el momento del pase.

* Tubérculo característico de la Cerdanya. Una de las variedades más apreciadas es la que se cultiva en el pueblo de Talltendre (Bellver de Cerdanya, Lleida).

PARA EL NABO DE TALLTENDRE COCIDO

1 kg de nabo de Talltendre lavado
4 l de agua
40 g de sal

Pelamos el nabo y lo laminamos a 1 centímetro de grosor. Troquelamos cada una de las láminas con un cortapastas de 2 centímetros de diámetro y las introducimos en una olla con el agua y la sal, y lo llevamos a ebullición.

Una vez arranque el hervor, lo cocemos durante 30 minutos hasta que resulte tierno. Transcurrido ese tiempo, cortamos la cocción en agua con hielo y extraemos las porciones de nabo. Las secamos sobre papel absorbente y las reservamos hasta el momento del pase.

PARA LA SALSA TUCUPÍ** DE NABO DE TALLTENDRE

500 g de recortes de nabo de Talltendre
500 ml de agua
1 cucharada sopera de sal
1 cucharada sopera de azúcar
1 cucharada sopera de xantana

Trituramos los recortes de nabo junto con el agua en la Thermomix. Lo pasamos por una superbag y lo dejamos reposar dentro de un recipiente hermético a 18 °C durante 24 horas. A continuación, retiramos el poso y dejamos fermentar el líquido blanquecino resultante a 18 °C 7-10 días.

** Salsa tradicional brasileña.

Transcurrido ese tiempo, lo llevamos a ebullición. Una vez arranque el hervor, lo retiramos del fuego y lo pesamos. Incorporamos 1 gramo de sal y 0,7 gramos de azúcar por cada 100 gramos, y texturizamos con 0,3 gramos de xantana.

Reservamos la salsa resultante hasta el momento del pase.

PARA EL NABO DE TALLTENDRE FERMENTADO

1 cucharada sopera de nabo de Talltendre lavado

Pelamos el nabo y lo lavamos de nuevo para eliminar posibles restos de piel. Lo introducimos en la OC'OO y lo cocemos dos veces seguidas utilizando el programa de fermentación durante un total de 14 horas. Transcurrido ese tiempo, lo dejamos enfriar en cámara y, posteriormente, lo laminamos a 1 centímetro de grosor. Troquelamos cada una de las láminas con un cortapastas de 2 centímetros de diámetro y las reservamos hasta el momento del pase.

PARA LA AVELLANA TOSTADA

100 g de avellana cruda repelada

Horneamos las avellanas a 165 °C durante 12 minutos hasta tostarlas. A continuación, las dejamos enfriar y las reservamos hasta el momento del pase.

PARA EL DEMI-GLACE DE TOMATE

1 kg de tomate cherri
80 ml de aceite de oliva virgen extra

Calentamos el aceite en una sartén y salteamos los tomates hasta ablandarlos y dorarlos. Los pasamos por una superbag y reservamos el jugo de tomate resultante para el pilpil de pato.

PARA EL SOFRITO DE CEBOLLA

2 kg de cebolla
300 ml de aceite de oliva virgen extra
400 g de vino rancio

Pelamos la cebolla y la cortamos en brunoise. La pochamos a fuego suave durante 30 minutos sin que adquiera color. Subimos el fuego y vertemos el vino rancio. Lo dejamos reducir hasta que se evapore la mitad del líquido total. Lo reservamos para el pilpil de pato.

PARA EL JUGO Y GRASA DE PATO

6,5 kg de carcasas de pato de bellota
6 l de agua
1 cucharada sopera de aceite de oliva virgen extra

Troceamos las carcasas de pato y las tostamos en una sartén con aceite. Las introducimos en una olla exprés y les agregamos el agua. Las sellamos y cocemos a fuego suave durante 90 minutos. Transcurrido ese tiempo, las retiramos del fuego para dejar que se enfríen. Abrimos la olla y colamos su contenido. Dejamos enfriar el caldo resultante. Posteriormente, extraemos la capa de grasa que se ha formado en la superficie y la reservamos para el pilpil de pato. Reservamos también el jugo resultante para el pilpil.

PARA EL PILPIL DE PATO

200 g de jugo de pato
75 g de grasa de pato
4 hojas de gelatina
0,1 g de xantana
20 g de demi-glace de tomate
10 g de sofrito de cebolla
1 cucharada sopera de sal

Calentamos el jugo de pato y disolvemos la gelatina, previamente hidratada. Texturizamos la mezcla con la xantana. Sin dejar de turbinar, emulsionamos la mezcla incorporando la grasa de pato, previamente fundida. Ponemos a punto de sal el pilpil resultante y pesamos 100 gramos. Los unimos al demi-glace de tomate y el sofrito de cebolla, y trituramos. Lo reservamos hasta el momento del pase.

PARA LA SALSA DE PATO

1 kg de hueso con carne de pato
120 g de bresa
2,5 l de agua
15 g de vino Pedro Ximénez
1 cucharada sopera de almidón de maíz exprés

Disponemos los huesos de pato en una bandeja y los horneamos a 220 °C hasta dorarlos. Retiramos el excedente de grasa y pasamos los huesos a una olla.

Desglasamos la bandeja con agua e incorporamos los jugos resultantes de la cocción a la olla. Vertemos 2,5 litros de agua y lo llevamos a ebullición. Una vez arranque el hervor, cocemos a fuego mínimo durante 3 horas desespumando constantemente. Transcurrido este tiempo, colamos y reducimos el líquido resultante hasta obtener 250 gramos.

Le agregamos el vino y lo llevamos de nuevo a ebullición. Una vez arranque el hervor, añadimos el almidón de maíz y espesamos la mezcla sin dejar de remover. Colamos y reservamos la salsa resultante hasta el momento del pase.

PARA EL NABO DAIKON AHUMADO

5 nabos daikon lavados y pelados
1 cucharada sopera de agua

Atamos cada uno de los nabos por uno de sus extremos con hilo de cocina y los colgamos en una sala oscura y seca para que se deshidraten durante 3 días. Transcurrido ese tiempo, los ahumamos en un horno de leña de encina a 60 °C durante 24 horas volteándolos cada 6 horas.

Acto seguido, los lavamos con agua fría para retirar posibles restos de polvo y ceniza y los reservamos para encurtirlos a continuación.

PARA EL NABO DAIKON AHUMADO Y ENCURTIDO

800 g de nabo daikon ahumado
200 ml de agua
80 g de pasta de miso rojo
65 g de nuka (salvado de arroz fermentado)
35 g de sal
70 g de azúcar moreno
70 g de vinagre de arroz

Mezclamos todos los ingredientes, excepto el nabo, en un recipiente. Sumergimos el nabo y filmamos a piel. Los dejamos encurtir en cámara durante un mínimo de 1 mes.

Transcurrido ese tiempo, los extraemos, limpiamos de posibles restos de mezcla y los envasamos al vacío y, justo en el momento del pase, los laminamos con un cuchillo y cortamos cada una de las láminas por la mitad.

MONTAJE

Disponemos una sartén antiadherente a fuego suave y marcamos por el lado de la piel el magret de pato curado y ahumado hasta que esté bien dorado y crujiente.

Mientras tanto, en el lado derecho de un plato, disponemos de abajo arriba y en fila las siguientes elaboraciones: una cucharada pequeña de juliana de nabo de Talltendre encurtido con una avellana tostada y un poco de su propio aire; una porción de nabo de Talltendre cocido, napado con su salsa tucupí; una porción de nabo de Talltendre fermentado, salseado con el pilpil de pato, y, por último, tres láminas de nabo daikon ahumado y encurtido.

Retiramos la pechuga de la sartén y la cortamos en láminas de 1 centímetro de grosor aproximadamente, por la mitad y de forma transversal, y las situamos al lado del conjunto, previamente emplatado. Terminamos el plato con la salsa de pato al lado de la pechuga.

«ESCUDELLA I CARN D'OLLA» DE MI MADRE

CARNES POR ORDEN DE COCCIÓN

300 g de jarrete de ternera
1 pie de cerdo a cuartos
½ careta de cerdo
400 g de costilla de cerdo
50 g de unto o sagí rancio de cerdo
3 piezas de jarrete de cordero
5 jamoncitos de pollo
150 g de butifarra blanca
150 g de butifarra negra
agua de cocción
sal
garbanzos

PARA LA PELOTA

650 g de picada de espaldilla de ternera
350 g de picada de cerdo
100 g de pan rallado
200 ml de leche
2 ajos
25 g de hojas de perejil
1 o 2 huevos
harina
sal
pimienta negra

PARA LAS VERDURAS

1 berza mediana
5 zanahorias medianas
2 o 3 kg de patatas medianas de cocción

PARA TERMINAR

1 kg de pasta de galets
aceite de oliva

Para cocinar este plato típico de Navidad en Cataluña, necesitamos una olla bien grande donde nos quepan aproximadamente unos 20 litros de agua. En esta agua ponemos las carnes por orden de cocción. Empezamos por las más duras, las que aporten más colágeno: el jarrete de ternera, el cerdo, el unto o sagí y el cordero. Lo cocinamos unas 2 horas aproximadamente a suaves borbotones y reservamos. Cuando las carnes lleven 1 hora de cocción ponemos a cocer los garbanzos, que tendremos en remojo desde la víspera.

Para la pelota, mezclamos todos los ingredientes hasta conseguir una masa homogénea y con forma de albóndiga gigante que ponemos a cocer en el caldo, ligeramente enharinada, durante unos 45-50 minutos.

El pollo junto con las butifarras los incorporamos los últimos 30 minutos. Una vez estén todas las carnes cocinadas, las reservamos en una fuente para llevar a la mesa.

A continuación, cocinamos las verduras en el mismo caldo. Cocemos las zanahorias y las patatas durante unos 35 minutos y, por último, la berza unos 20 minutos más. Las reservamos en otra fuente para presentar en la mesa junto a las carnes.

El caldo que queda lo rectificamos de sazón y hervimos el kilo de galets.

RAVIOLIS Y CARNES ASADAS DE PICHÓN «SUZETTE» CON SETAS Y TRUFA

PARA EL RELLENO ROYAL DE PICHÓN

200 g de carne limpia de pichón y oca
30 g de papada de cerdo confitada
50 g de foie gras fresco
10 g de armañac
10 g de vino de Oporto
30 g de pan del día anterior
30 ml de leche
1 yema de huevo
25 g de cebolleta
60 g de zanahoria
6 g de sal
pimienta

Limpiamos todas las carnes y las cortamos en trozos regulares de pequeño tamaño. Picamos las verduras y las salteamos hasta que adquieran un bonito tono tostado. Las dejamos enfriar y las añadimos a las carnes. Remojamos el pan con la leche y lo añadimos a las carnes con el resto de los ingredientes. Pasamos el conjunto por una picadora de carne y lo envasamos al vacío formando una placa de 1,5 centímetros de grosor. Retractilamos la bolsa durante 3 segundos en agua hirviendo y la enfriamos con agua helada. Ponemos la bolsa a cocer en un baño a temperatura controlada durante 36 horas a 64 °C. Terminada la cocción, dejamos enfriar la bolsa 15 minutos a temperatura ambiente y luego un mínimo de 4 horas en el frigorífico.

PARA LOS RAVIOLIS DE PICHÓN

300 g de harina de trigo
300 g de semolina
6 huevos tamaño L
raspadura de naranja
relleno royal de pichón (elaboración anterior)

Mezclamos los ingredientes menos la royal en la amasadora de repostería con la pala de masa y trabajamos a velocidad media hasta que queden bien integrados. Sacamos la masa de la máquina y terminamos de amasar a mano. Dejamos reposar la masa durante 1 hora en la nevera tapada con papel film. Después, estiramos la pasta hasta llegar al número 7 de grosor y rellenamos calculando que quede la misma proporción de relleno royal que de masa. Doblamos los raviolis y reservamos con semolina hasta la cocción, bien protegidos con papel film para evitar que se sequen.

PARA LA SALSA DE PICHÓN

1 kg de huesos, carcasas y recortes de pichón
3 ajos
1 zanahoria
1 cebolla mediana
1 blanco de puerro
½ ramita de apio
¼ de bulbo de hinojo
1 tomate maduro
1 dl de armañac
1 dl de vino de Oporto
2,5 l de agua mineral
50 g de mantequilla
sal
pimienta

Asamos los recortes y las carcasas de pichón en una cazuela hasta que tomen un bonito color tostado. Añadimos las verduras limpias y cortadas en tamaños regulares; primero los ajos, la zanahoria y la cebolla. Cuando las verduras estén doradas añadimos el puerro, el apio y el bulbo de hinojo. Dejamos cocer a fuego vivo y terminamos añadiendo el tomate. Asadas las verduras, desglasamos con los licores y mojamos hasta cubrir bien con el agua. Cocemos a fuego suave de 4 a 6 horas. Una vez terminada la cocción, filtramos el jugo y lo reducimos con un poco de mantequilla hasta obtener una salsa potente y untuosa. Rectificamos de sal y pimienta.

PARA LA SALSA «SUZETTE» SALADA

150 ml de zumo de naranja recién exprimido y filtrado
50 g de mantequilla
35 ml de Cointreau o Grand Marnier
25 g de lactosa en polvo por ración
sal

Espolvoreamos la lactosa en una fuente con papel antiadherente y cocemos al horno sin aire a 180 °C hasta que se caramelice. Dejamos enfriar y la pasamos por un robot a velocidad suave y por un colador hasta conseguir un polvo.

Delante del cliente, calentamos un sauté de cobre y añadimos un poco de mantequilla y los 25 gramos de lactosa caramelizada. Cuando se funda la mantequilla y todo se integre, añadimos el licor y flambeamos, incorporamos el zumo de naranja y el resto de la mantequilla, rectificamos de sal y dejamos reducir hasta conseguir una textura de salsa densa.

PARA LA PECHUGA DE PICHÓN ASADA

pichones de sangre
1 cucharada de aceite de arbequina
sal
pimienta

Deshuesamos los pichones reservando higadillos, alas, carcasas, recortes y muslos para la salsa y envasamos las pechugas al vacío con el aceite de oliva. Colocamos la bolsa de cocción en un baño a temperatura controlada de 55 °C durante 15 minutos. Abrimos la bolsa y salpimentamos las pechugas. Calentamos una sartén a fuego medio-alto y doramos las pechugas por la parte de la piel; cuando estén bien doradas, cocinamos unos segundos por la parte de la piel dando un dorado ligero, pero sin cocinar demasiado la carne. Las dejamos reposar 2 o 3 minutos en una estufa caliente a 50 °C mientras montamos los platos. En el momento de colocar el pichón en el plato, hacemos un corte longitudinal para buscar una presentación atractiva de las carnes y ver si el punto de cocción es correcto.

OTROS

pieles de kumquat
chantarelas de pequeño tamaño
trufa negra (*Tuber melanosporum*) cortada primero en laminas y después en juliana fina
sal
mantequilla
salsa de pichón
salsa suzette salada

MONTAJE

Cocer los raviolis 2 minutos en agua hirviendo con un punto de sal. Los colocamos en un plato llano y, al lado, un corte de pichón. Terminamos esta parte del emplatado con dos o tres pequeñas chantarelas salteadas con mantequilla y sazonadas y unas láminas de piel de kumquat. Ya en la mesa, salseamos todo el conjunto con una cucharada de salsa de pichón y dos o tres cucharadas de salsa suzette salada. Terminamos con una juliana de trufa negra por encima.

ALBÓNDIGAS CON SEPIA

400 g de espaldilla picada de ternera
400 g de presa de cerdo ibérico picada
30 g de miga de pan
30 ml de leche
2 yemas de huevo
6 g de ajo
6 g de perejil
harina
600 g de sepia limpia
125 g de guisantes
1,2 l de fumet
250 g de cebolla de Figueres morada
2 ajos morados
300 g de tomate maduro rallado sin piel
2 ñoras remojadas
50 g de picada (pan frito, ajo, perejil, almendra tostada y vino rancio)
aceite de oliva
sal
pimienta negra

Primero preparamos un buen sofrito con las cebollas, el tomate y el ajo, pochando sin prisa cebollas y ajo con un poco de aceite; cuando estén bien pochados y ligeramente caramelizados, añadimos el tomate. Dejamos cocer y reducir lentamente el sofrito hasta que tengamos un volumen final de unos 100 gramos.

Mientras se cocina el sofrito, mezclamos las carnes con la miga de pan remojada en leche, ajo picado, perejil picado, yema de huevo, sal y pimienta, y formamos unas albóndigas de 30 gramos cada una.

Enharinamos un poco las albóndigas y las freímos en abundante aceite de oliva a 180 °C, el tiempo justo para que adquieran un ligero tono dorado. Las retiramos del aceite de fritura y escurrimos muy bien el aceite sobre papel absorbente.

Cocinamos a fuego lento las albóndigas en una cazuela junto con el fumet, el sofrito y la sepia cortada en dados de 2 a 3 centímetros durante 40 minutos. Pasados 30 minutos, añadimos los guisantes y, tras 5 minutos más, la picada. Ponemos la salsa a punto de sal y, finalmente, reducimos el conjunto hasta obtener una consistencia homogénea y cremosa.

ESPALDA DE CABRITO CON PURÉ DE MANZANA A LA SIDRA Y JUGO DE ASADO CON SETAS

PARA EL JUGO DE CABRITO

2 kg de huesos y recortes de cabrito o cordero
6 l de agua
4 tomates maduros
2 zanahorias medianas
2 cebolletas
1 cebolla
1 blanco de puerro
1 ramita pequeña de apio
1 cabeza de ajo
1 ramita de romero
3 dl de coñac o brandi

Colocamos los huesos de cabrito en una fuente y los asamos con un poco de aceite hasta que tomen un bonito tono dorado. Añadimos todas las verduras y las hierbas aromáticas, limpias y troceadas menudas. Asamos el conjunto hasta que quede bien dorado y desglasamos con el licor. Pasamos a una olla con el agua y lo cocemos a fuego muy suave entre 3 y 4 horas. Finalmente, lo pasamos por un chino.

PARA LA ESPALDA DE CABRITO

4 piezas de cabrito (espaldas)
4 ajos
80 ml de aceite de oliva
jugo de cabrito
4 ramitas pequeñas de tomillo
4 ramitas pequeñas de romero
sal
pimienta

Pulimos las piezas del cabrito y las deshuesamos con cuidado. Es muy recomendable deshuesarlas después de la cocción, aunque ahora nos interesa la forma más esférica que toma la carne. Pelamos los ajos y los asamos en el aceite partiendo de frío. Cuando estén asados, los sacamos del aceite, que reservamos para saltear las setas. Envasamos cada pieza de carne salpimentada, respetando su forma natural, pero apretándola para que al cocerla quede compactada al máximo. Agregamos a cada bolsa de cocción 0,5 decilitros de jugo de cabrito, una hojita de romero, otra de tomillo, y un ajo asado y envasamos las piezas a 9 atmósferas. Escaldamos cada bolsa en agua hirviendo durante 3 segundos para retractilarlas. Enfriamos con agua fría. Colocamos las bolsas en un baño de agua a 63 °C y mantenemos esa temperatura 24 horas. Pasado ese tiempo, cortamos la cocción con agua helada y reservamos las bolsas secas en la cámara.

PARA LA OPCIÓN DE COCCIÓN ASADO AL HORNO

4 piezas de cabrito (espaldas)
1 ajo
80 ml de aceite de oliva
1 cucharadita de pimentón de la Vera
4 ramitas pequeñas de tomillo
4 ramitas pequeñas de romero
1 dl de jugo de cordero sin reducir (receta anterior)
chorrito de vinagre de sidra
sal
pimienta

Colocamos las piezas aliñadas con aceite, pimentón, sal y pimienta en una fuente de asar con el ajo y las hierbas. Las introducimos en un horno precalentado a 180 °C y las asamos unos 15 minutos. Damos la vuelta a las piezas, añadimos el jugo de cordero y el vinagre, y bajamos la temperatura del horno a 150 °C. Vamos dando vueltas durante el asado, controlando la cocción y regando con sus propios jugos.

Este asado a 150 °C durará aproximadamente 1 hora y 30 minutos. Podemos subir de nuevo la temperatura a 180 °C los últimos 10 minutos para dorar un poco más la parte exterior de las piezas.

PARA LAS MANZANAS A LA SIDRA

5 manzanas golden
200 g de mantequilla
40 g de azúcar
4 dl de sidra natural
agua mineral

Cortamos la parte inferior y superior de las manzanas, sacamos el corazón con un descorazonador y las colocamos en un recipiente para horno. Llenamos el centro con la mantequilla y espolvoreamos con el azúcar. Mojamos con el agua y la sidra. Cocemos a 180 °C hasta que la manzana tome color y esté hecha. Hay que tener en cuenta que, si nos pasamos de cocción, se pueden deshacer. Han de quedar hechas pero consistentes.

Las reservamos en la cámara con el jugo reducido de la cocción. Una vez frías, les quitamos la piel y cortamos 4 discos de 1 a 1,5 centímetros.

PARA EL ESPUMOSO DE MANZANA A LA SIDRA (OPCIONAL)

(cantidad mínima que elaborar)
3 manzanas golden
250 ml de agua mineral
100 g de sidra natural
1,2 g de agar-agar
80 ml de agua mineral
1,5 hojas de gelatina neutra (3 g)
sal

Para el espumoso de manzana golden, preparamos las manzanas como en la elaboración de la manzana a la sidra. Las mojamos con esta bebida y con el agua, y las cocemos unos minutos a 170 °C. Tiene que quedar bastante jugo y las manzanas estar ligeramente crudas del centro. Retiramos las pieles en caliente y trituramos el jugo rectificado y la pulpa de las manzanas con la Thermomix. Mojamos el agar con los 80 mililitros de agua y cocemos 5 minutos a fuego moderado. Dejamos enfriar la mezcla hasta 40 °C y añadimos la gelatina remojada. Agregamos el jugo de agar-agar y la gelatina a la compota de manzana, llenamos un sifón de 1-2 litros, colocamos una carga y dejamos cuajar un mínimo de 2 horas.

PARA LAS SETAS

100 g de setas frescas: perrechicos, llanegas, colmenillas, hongos, shitake (la variedad más fresca y buena que encontremos)
el resto del aceite de ajo sobrante de elaborar el cabrito

Pulimos las setas y las limpiamos con un cepillo o paño húmedo, utilizando el mínimo de agua posible. Las salteamos brevemente (dependiendo de cada seta) con el aceite de ajos.

OTROS

flores de salvia o romero
escamas de sal

MONTAJE

Emplatamos las piezas de cocción tradicional directamente.

Marcamos las piezas cocinadas al vacío en una sartén con un poco de aceite de oliva. En un recipiente para horno colocamos las cuatro piezas, las láminas de manzana, las setas, el jugo y una nuez de mantequilla. Lo cocemos en el horno a 180 °C unos minutos, justo para calentarlo y que la pieza llegue a los 63 °C de temperatura en el corazón del producto.

Si la salsa queda un poco clara, sacamos la pieza y la mantenemos en un lugar cálido. Reducimos la salsa hasta conseguir una textura untuosa a fuego vivo. Si la temperatura interior de la pieza supera los 63 °C, podemos perder las virtudes de la cocción a baja temperatura.

Para emplatar las espalditas, colocamos una lámina de manzana en el plato y, encima, la pieza de cabrito. Ponemos las setas y salseamos el conjunto. Al lado de la pieza añadimos una porción de espumoso de manzana (opcional). Acabamos con las flores de aromáticos y unas escamas de sal. Si queremos, podemos dar un toque aromático con un aceite macerado.

POLLO AL AJILLO

1 pollo entero (1,6 kg aprox.)
3 ajos tiernos
6 escaloñas
2 guindillas
2 dientes de ajos laminados
15 g de harina de trigo
2 hojas de laurel
el zumo de ½ limón
tomillo
1 dl de coñac
1 dl de vino blanco
300 ml de caldo de pollo (véase el recetario básico)*
sal
pimienta

Limpiamos bien el pollo y retiramos todas las plumas que pueda tener con la ayuda de una llama. Partimos el pollo en trozos regulares de 3 a 4 centímetros eliminando las partes gruesas de la carcasa con poca carne y respetando corazón y las acumulaciones grasas de los muslos. Lo salpimentamos bien y ya estará listo para asar. Podemos pedir a nuestro carnicero o pollero que realice este trabajo.

En una sartén amplia con un poco de aceite salteamos los escaloñas peladas y cortadas en cuartos hasta que se doren un poco, agregamos el pollo y empezamos la fritura del conjunto a fuego medio-alto hasta que todo adquiera un tono dorado.

Pelamos y cortamos en láminas los ajos, las guindillas picadas y las hierbas y los añadimos al pollo. Terminamos de asar hasta que el ajo y todo el conjunto tenga un buen tono dorado.

Echamos los vinos y dejamos que se evaporen. Incorporamos el zumo de limón y reducimos un poco. Añadimos la harina de trigo tamizada y rehogamos 1 minuto más. Vertemos el caldo, rectificamos de sal y pimienta y tapamos la cacerola para cocinar el pollo entre 15 y 20 minutos. Antes de servir, le damos un golpe de llama viva para concentrar la salsa y espolvoreamos perejil picado.

* También podemos usar agua, caldo de pollo comercial o agua con gotas de una cucharada de salsa de soja.

HUEVOS ESCALFADOS CON PATATAS AL ACEITE DE OLIVA, JAMÓN IBÉRICO Y JUGO DE PIMIENTOS

1,2 kg de patatas para puré
5 pimientos rojos morrones
8 huevos muy frescos de pollita (de aproximadamente 35-40 g de peso)
aceite de oliva
azúcar
sal en escamas
tapioca

PARA LOS HUEVOS

Ponemos un cazo al fuego con abundante agua hasta alcanzar los 70 °C. Introducimos los huevos y los mantenemos a esa temperatura constante durante 15 minutos, controlándola escrupulosamente con un termómetro de precisión. Pasado ese tiempo, los retiramos del agua y los mantenemos en reposo 2 minutos.

Los pelamos entonces con cuidado, haciéndoles una abertura superior para desprender una tapa, de modo que deslicemos el huevo sobre la palma de la mano. Revisamos que no quede ningún trozo de cáscara adherido a este. Lo recuperamos con una cuchara y lo apoyamos sobre la patata.

PARA LAS PATATAS

Lavamos las patatas sin pelar y las ponemos en una cazuela cubiertas de agua fría unos 3 centímetros por encima.

Añadimos 12 gramos de sal por litro. Las hervimos a fuego moderado, sin tapar, durante 20-30 minutos. El filo de un cuchillo tiene que penetrar fácilmente. Las escurrimos cuando estén cocidas. No las dejamos enfriar en el agua de cocción, ya que cogen mal gusto.

Pelamos las patatas eliminando bien las partes negras y las machacamos con ayuda de un tenedor hasta hacer un puré y lo condimentamos con aceite. Lo ponemos a punto de sal y lo reservamos en un lugar templado.

PARA EL JUGO DE PIMIENTOS

Seleccionamos los pimientos maduros y los ponemos en una bandeja de horno estirados y condimentados con un poco de sal, azúcar y unas gotas de aceite. Metemos la bandeja en el horno a 100 °C durante 5 horas para que se confiten y suelten todo su jugo. Los pimientos los podemos aprovechar para otras elaboraciones.

Desengrasamos el jugo completamente, lo ligamos con tapioca y, si es necesario, agregamos más azúcar para corregir la acidez. Para acabar, pasamos el jugo por un colador fino y lo ponemos en su punto. La textura debe ser más o menos espesa.

MONTAJE

hojas de rúcula selvática aliñadas con sal y aceite de oliva
lascas muy finas de jamón ibérico

En el centro de un plato hondo ponemos una cucharada de patata rota, dejando un hueco en el centro para apoyar el huevo. Bañamos alrededor con el jugo de pimiento morrón y, encima del huevo, ponemos lascas de buen jamón ibérico, unas hojas de rúcula y unas escamas de sal.

CARRILLERA DE CERDO AL NATURAL CON TERRINA DE PATATA, PANCETA Y HONGOS CONFITADOS

PARA LAS CARRILLERAS

2 kg de carrilleras de cerdo deshuesadas
1 cucharada de aceite de oliva
1 cabeza de ajo
4 l de caldo de cerdo (véase el recetario básico)
sal
pimienta

Salpimentamos las carrilleras y las doramos en una cazuela amplia con el aceite. Han de quedar bien tostadas por todas sus caras. Soltamos los ajos de la cabeza sin pelarlos. Retiramos las carrilleras doradas y añadimos los ajos a la misma grasa, tras reducir la intensidad del fuego. Removemos e introducimos de nuevo las carrilleras, sazonamos un poco más y agregamos el caldo caliente, que deberá hervir a ligeros borbotones entre 1 hora y 30 minutos y 2 horas.

Si empleamos una olla rápida, el tiempo se reducirá a 50 minutos. Verificamos el punto de cocción de la carne y, si vemos que algunos trozos se hacen antes que otros, los apartamos. Para comprobar el punto, bastará con que los apretemos con el dedo para comprobar si las fibras de la carne no ofrecen resistencia y se deshacen en filamentos.

Cuando las carrilleras estén hechas, las dejamos enfriar en el mismo caldo de cocción al menos durante 6 horas.

Escurrimos el caldo y limpiamos la carne de pieles y grasa. Reducimos el caldo hasta que quede ligeramente espeso y oscuro, y lo colamos sobre las carrilleras, ya limpias. Damos un hervor y las glaseamos con suavidad.

PARA LA TERRINA DE PATATA Y BEICON

1 kg de patatas grandes
20 láminas finas de beicon ahumado
15 láminas finas de tocineta fresca
queso curado rallado
50 g de mantequilla

Cortamos las láminas de beicon y las patatas en una mandolina o en la máquina cortafiambres al número 1 y las de tocineta al número 0,5. Si no disponemos de una, le pedimos a nuestro charcutero que nos la dé cortada.

Forramos un molde pequeño, tipo plum cake, con las lonchas de beicon, que deberán sobresalir por encima unos centímetros, para que luego cierren y sellen la parte superior. Disponemos en la terrina, sobre el beicon que cubre su base, dos capas de patata laminada. Esparcimos un poco de queso rallado y unas nueces de mantequilla y, a continuación, una capa de tocineta. Acto seguido, colocamos otras dos, luego un poco de queso rallado y mantequilla. Otra vez tocineta y así sucesivamente hasta rellenar la terrina por completo. Acabamos cerrándola con las tiras de beicon que sobresalen. Aplastamos bien la superficie para que las capas de patata queden bien prietas.

Tapamos la terrina con papel de aluminio y horneamos a 150 °C durante unas 2 horas y 30 minutos. Comprobamos el punto de la patata clavando una puntilla bien afilada en el centro, deberá entrar con mucha facilidad y debemos notar que no está cruda. Dejamos entibiar el contenido del molde.

No salamos la patata, debido a que el queso y las chacinas suelen tener ya la suficiente sal.

Cortamos la terrina en lonchas gruesas y las disponemos en platos calientes. Ponemos junto a ellas las carrilleras muy calientes y rociamos alrededor con las setas salteadas, también calientes. Salseamos, finalmente, con el jugo.

PARA LOS HONGOS CONFITADOS

250 g de hongos *Boletus eudulis*
1 ramita de romero
aceite de oliva arbequina
¼ de kg de cebolla
1 ajo
sal

Limpiamos las setas de tierra y arena. Las cubrimos de aceite y las ponemos a hervir a diminutos borbotones, junto con la ramita de romero, durante unos 20 minutos, hasta que suelten su jugo y se evapore dejando de nuevo el aceite limpio. Las escurrimos y retiramos la hierba.

En una cazuela, pochamos la cebolla y el ajo picados con una pizca de sal y unas gotas del aceite de confitar las setas. Cuando el sofrito esté dorado, añadimos las setas, damos unas vueltas y rectificamos el sazonamiento.

FONDO DE TERNERA Y SOLOMILLO CLÁSICO

PARA LA SALSA DE TERNERA

3 l de agua mineral
1 kg de retales de carne y cartílagos de ternera
1 zanahoria
½ blanco de puerro
4 ajos
½ ramita de apio
2 cebollas tiernas
1 dl de vino tinto
1 dl de vino de Oporto
50 g de mantequilla
sal
pimienta

Estos son los elementos básicos, y los que empleamos en la receta, pero puede elaborarse con otras hortalizas, licores, vinos, especias, etc.

Tostamos los retales de ternera en el horno a 185 °C durante 30 minutos o en una cazuela hasta que el conjunto esté bien tostado y dorado. Cortamos todas las verduras en dados regulares no muy grandes y las pochamos a fuego medio-alto con un poco de aceite hasta que estén doradas. Añadimos los vinos y reducimos.

A continuación en una olla amplia, disponemos todos los ingredientes, los cubrimos de agua y los cocemos a fuego muy suave durante 5 horas. Pasado ese tiempo, los colamos y filtramos para obtener un caldo oscuro y limpio, que reducimos con la mantequilla hasta obtener una textura densa. También podemos ligarlo con una cantidad mínima de almidones –el de trigo, por ejemplo– en una proporción máxima de 20 gramos por litro.

Podemos elaborar esta salsa con ternera, cerdo, pollo, cordero, carne de caza, etc. La salsa aguanta un máximo de 7 días en la nevera e indefinidamente en el congelador.

PARA LAS GUARNICIONES

10 escaloñas
1 kg de patata ratte
setas
vinagre de Módena
mantequilla
ajo en polvo
salsa de ternera
tomillo
romero
sal

En un cazo ponemos un poco de mantequilla y empezamos a pochar las escaloñas enteras. Cuando estén tiernas, añadimos vinagre de Módena y mojamos con fondo oscuro, lo dejamos cocinar hasta que queden bien hechas y la salsa reducida. Reservamos.

Para la patata risolada, ponemos a hervir la patata entera y con piel unos 20 minutos. Una vez cocida, la pelamos y salteamos con un poco de mantequilla, añadimos algo de la salsa de ternera y un poquito de ajo en polvo. En el conjunto ponemos unas setas, un poco de tomillo y romero y dejamos que guise durante unos 8 minutos hasta que quede una salsa rica y bien reducida. Rectificamos de sal y reservamos.

Para la parmentier utilizamos la patata hervida y pelada. La machacamos y colamos un par de veces y acabamos de montarla con mantequilla hasta conseguir un puré cremoso y rectificamos de sal.

PARA EL SOLOMILLO

1 solomillo de ternera

Para limpiar el solomillo de ternera necesitamos un cuchillo bien afilado. El solomillo es el musculo más tierno de la ternera, al estar en el interior de las costillas apenas hace esfuerzo. En primer lugar, arrancamos el primer velo que encontramos en el solomillo. Con ayuda del cuchillo cortamos el rosario, el cordón del lateral. Hacemos una incisión en la tela que queda enganchada al solomillo y la retiramos. Separamos el solomillo en tres partes: el chateaubriand, la parte superior; el filete tournedó, el lomo central, y el filet mignon, la punta estrecha del solomillo. Los retales y las puntas los utilizamos para hacer un fondo.

MONTAJE

vino de Oporto
hierbas frescas (tomillo limón, romero, salvia)

Utilizamos una ración del filete tournedó de unos 150 gramos. Salpimentamos bien y sellamos con un poquito de aceite en una sartén. Acabamos la cocción en el horno unos 4 minutos, hasta conseguir 50-55 °C en el interior. En la misma sartén desglasamos con vino de Oporto, dejamos que reduzca y elimine los alcoholes. Seguidamente, añadimos la salsa de ternera hasta conseguir una salsa untuosa y brillante.

En el centro del plato disponemos un poco de la parmentier de patata en tres o cuatro puntos irregulares. Situamos el filete en el centro del plato y agregamos las escaloñas confitadas en la salsa y las patatas risoladas guisadas junto con las setas y el caldo oscuro. Finalmente, salseamos con la salsa de Oporto. Acabamos con unas hierbas frescas, tomillo limón, romero y un poquito de salvia.

PIEZA DE TERNERA GUISADA CON SETAS Y CEBOLLETAS

PARA EL GUISO DE CARNE

2 carrilleras de ternera
1 zanahoria
2 cebolletas
2 dientes de ajo
1 blanco de puerro
1 ramita de apio
1 ramillete de hierbas aromáticas
1 dl de vino tinto, coñac o vino de Oporto
2 l de agua o caldo de ternera (véase el recetario básico)
1 nuez de mantequilla
sal
pimienta

En una cazuela amplia, doramos las dos carrilleras de ternera muy limpias. Una vez selladas, las retiramos e incorporamos todas las verduras limpias, peladas y cortadas en dados de 1 centímetro. Doramos la verdura y reducimos el vino o coñac. Vertemos el caldo de ternera. Rectificamos y añadimos las carrilleras, tapamos y dejamos cocer a ligeros borbotones hasta que la carne esté bien tierna, aproximadamente 1 hora.

Terminada la cocción, retiramos la carne, la cortamos en dos partes y colamos la salsa. Introducimos la carne en una sartén y reducimos el jugo junto con la carne, una nuez de mantequilla, cuatro cebollitas y cuatro láminas de patata de 1 centímetro que previamente hemos confitado en aceite y sal. Las verduras de cocción las escurrimos bien y las trabajamos en un túrmix con un hilo de aceite para conseguir un puré.

MONTAJE

50 g de chantarelas o perrechicos
aceite de oliva
sal
pimienta

Seleccionamos unas setas frescas y salteamos unas cuantas con un hilo de aceite y una pizca de sal. Cuando dejen de soltar agua y tomen un ligero color dorado, procedemos a servir el guiso. En cuatro platos, realizamos trazos con el puré de verdura, a un costado disponemos la pieza de patata confitada y guisada con la carne de ternera encima, y al lado la cebollita guisada y las setas que hemos salteado. Salseamos ligeramente y servimos sin demora.

POLLO DE CORRAL CON CIGALAS, PASAS, PIÑONES Y PURÉ DE NABO NEGRO

PARA EL POLLO

2 pechugas de pollo de caserío con piel
4 cigalas
1 cebolleta
3 escaloñas
1 ajo
aceite o mantequilla
sal
pimienta

Pedimos al carnicero que nos prepare dos pechugas de pollo de caserío con el máximo de piel y también que nos dé un poco de hilo para bridar o malla para realizar un asado. En casa, picamos las verduras y las cocemos en un poco de aceite o mantequilla. Rectificamos de sal y pimienta, retiramos el caparazón de la cola de las cigalas y reservamos la cabeza y las cáscaras para la salsa.

Calentamos una sartén y doramos las colas de cigala por la parte del lomo (si asamos por la parte interior, la carne se curva) durante un tiempo no superior a 10 o 15 segundos.

Abrimos la pechuga por la mitad e introducimos las verduras cocinadas y las colas de cigala. La cerramos formando un rulo y atamos con el hilo o la malla dando forma cilíndrica. Freímos los rulos de pollo en aceite a 180 °C hasta que estén bien dorados. Los dejamos templar, retiramos el hilo y cortamos medallones de 1,5 centímetros. Los reservamos a 50 °C unos minutos y servimos.

PARA LA SALSA DE POLLO, PIÑONES Y PASAS

6 dl de caldo de gallina asada (véase el recetario básico)
cabezas y cáscaras de las cigalas
60 ml de vino rancio
1 cucharada sopera de pasas remojadas 30 minutos en agua
1 cucharada sopera de piñones
60 ml de Pedro Ximénez o similar
1 nuez de mantequilla

Troceamos las cáscaras y las cabezas con un poco de mantequilla hasta que tomen color y desglasamos con el vino rancio, mojamos con el caldo y reducimos hasta la mitad de su volumen. Colamos el resultado.

Salteamos la fruta seca con algo de mantequilla y reducimos el Pedro Ximénez. Mojamos con el caldo de cigalas y gallina asada. Reducimos hasta conseguir una textura de salsa con la mantequilla.

PARA EL PURÉ DE NABO

150 g de nabo negro o común, pelado y cortado en dados
400 ml de agua
40 g de mantequilla
40 g de nata fresca
sal
pimienta

Cocemos la verdura en agua salada hasta que esté tierna. Texturizamos con un túrmix junto con el resto de los ingredientes hasta conseguir un puré de textura cremosa.

MONTAJE

Disponemos tres o cuatro medallones de pollo en el centro del plato, salseamos ligeramente con la salsa y terminamos la receta colocando una pequeña cantidad de puré.

PINTADA AL «FOIE GRAS», ASADA Y SERVIDA CON CEBOLLETAS, ALCACHOFAS A LA NARANJA Y JUGO DE ASADO

PARA LA PINTADA

4 muslos de pintada
25 g de foie gras
redaño de cerdo para sellar la pieza
sal
pimienta

Deshuesamos los muslos y reservamos los huesos para el jugo de pintada. Salpimentamos y rellenamos cada pieza con una tira de 25 gramos de foie gras fresco de pato. Cerramos los muslos formando un cilindro y los cubrimos con redaño fino de una sola pieza. Cerramos asimismo el conjunto con papel plástico de cocina bien firme y lo sellamos en una bolsa de vacío. Retractilamos la bolsa sumergiéndola primero en agua fría y, después, en agua helada. Cocinamos a 64 °C en un baño de agua caliente a temperatura controlada durante 4 horas. Terminada la cocción, enfriamos la bolsa en agua helada y la reservamos perfectamente seca en la nevera.

Antes de servir, sacamos el resultado de la bolsa y lo asamos excelentemente en una plancha o a la brasa. Cortamos segmentos de 3 a 4 centímetros y acabamos con un golpe de horno para atemperar el centro de la pieza. Antes de emplatar, salseamos los cilindros de pintada con su jugo y servimos con rapidez.

PARA EL JUGO DE PINTADA

huesos de los muslos de pintada
1 gallina
250 g de cebolleta
150 g de tomates
80 g de verde de puerros
6 dientes de ajo machacados
15 g de concentrado de tomate
250 ml de vino blanco
1 dl de coñac
4 l de agua mineral
1 nuez de mantequilla
ramitas de tomillo
sal
pimienta en grano

Limpiamos y pulimos la gallina. La cortamos en trozos no muy grandes y la doramos en un rondón junto con los huesos de pintada, el ajo y las cebolletas. Caramelizamos el conjunto y añadimos el tomate y tomate concentrado. Lo compotamos y agregamos el vino blanco y el coñac. Lo dejamos reducir a seco. Incorporamos el verde de puerro picado fino, el agua y lo dejamos cocer lentamente 2 horas como mínimo; después, lo pasamos por un chino. Reducimos con una pequeña nuez de mantequilla hasta obtener una textura de glaseado óptima.

PARA LAS CEBOLLITAS CONFITADAS

1 kg de cebollitas platillo
150 ml de jugo de ternera
100 g de mantequilla
sal
pimienta negra

Escaldamos las cebollitas y las pelamos. Las rehogamos junto con la mantequilla hasta que tomen un bonito tono dorado.

Introducimos las cebollitas salpimentadas y el jugo en una bolsa de vacío. La sellamos y la retractilamos en agua hirviendo para pasarla después por agua helada. Lo cocemos en horno al vapor a 90 °C durante 1 hora y 30 minutos. Terminada la cocción, lo enfriamos en agua helada y reservamos hasta el momento de terminar la receta.

Antes de terminar el plato, colocamos las cebollitas en un cazo con el jugo de cocción y un par de buenas cucharadas de jugo de vino y un poco de mantequilla. Reducimos a una textura densa y servimos sin demora.

PARA LAS ALCACHOFAS A LA NARANJA

4 alcachofas
1 l de agua
3 g de ácido ascórbico
8 tiras piel de naranja confitada tipo garnier
2 cucharadas soperas de aceite arbequina
sal
pimienta

Mezclamos el agua y el ácido ascórbico.

Limpiamos los fondos de alcachofa, retiramos las partes más verdes, las partimos por la mitad y dejamos 2 centímetros de tallo. Reservamos cada pieza en el agua para evitar la oxidación. Cuando tengamos todos los fondos, los envasamos salpimentados en una bolsa de vacío junto con el aceite y las pieles de naranja. Retractilamos la bolsa primero en agua hirviendo y, después, en agua helada, y cocinamos al horno al vapor durante 20 minutos. Reservamos hasta terminar la receta. Justo antes de servir, ponemos las alcachofas en una sartén bien caliente con algo de aceite.

MONTAJE

Colocamos los cilindros de pintada en el centro del plato y disponemos de manera elegante las cebolletas y las alcachofas. Salseamos con el jugo de pintada y terminamos con una tira de naranja confitada, unas escamas de sal y un hilo de buen aceite de oliva.

COCINA en CASA con JORDI CRUZ

POSTRES

POSTRES

POSTRES

POSTRES

POSTRES

POSTRES

POSTRES

POSTRES

POSTRES

POSTRES

POSTRES

TARTA FINA DE MANZANA CON CARAMELO SALADO Y HELADO DE VAINILLA

PARA LA PECTINA DE MANZANA A LA VAINILLA

1 kg de manzana golden
1 vaina de vainilla
50 g de azúcar
agua

Lavamos muy bien las manzanas. Las cortamos en seis trozos respetando el corazón, que es donde reside la mayor parte de la pectina. Colocamos los trozos de manzana, el azúcar y la vaina de vainilla abierta por la mitad en una cazuela y cubrimos con agua. Cocemos a fuego bajo, con la tapa puesta, durante 30 minutos. Ponemos los trozos ya cocinados en un colador y dejamos que se escurran solas (sobre el líquido que ya hay) durante varias horas (4 o 5) o la noche entera. Ponemos todo el líquido obtenido a cocer a fuego medio hasta que se reduzca a la mitad. Una vez lo retiramos del fuego, dejamos enfriar y guardamos en un bote hermético hasta que lo vayamos a utilizar.

PARA LA CREMA PASTELERA

1 l de leche
12 yemas
250 g de azúcar
60 g de maicena
1 vaina de vainilla

Calentamos la leche y la reservamos.

Mezclamos en un bol las yemas, el azúcar y la maicena y vamos añadiendo el conjunto poco a poco en la leche caliente. Por último, añadimos la pulpa de la vaina.

PARA EL HOJALDRE

200 g de harina de media fuerza
10 g de sal
90 ml de agua
350 g de mantequilla

Para la masa, mezclamos la harina de media fuerza con la sal y el agua y reservamos la masa resultante en frío en forma cuadrada y envuelta en papel film para que repose y pierda nervio.

Colocamos la mantequilla a temperatura ambiente encima de un extremo de la masa y doblamos el lado que no tiene mantequilla hasta cubrir la masa por completo. A continuación, doblamos el otro extremo, donde sí hay mantequilla y masa.

Una vez realizado este pliegue (llamado simple), lo dejamos reposar en frío 1 hora, aproximadamente. Realizamos seguidamente un pliegue doble. Volvemos a dejarlo reposar en la nevera durante 1 hora. Al cabo de este tiempo hacemos otro pliegue simple y lo dejamos reposar de nuevo en la nevera durante 1 hora más. Acabamos con otro pliegue doble y lo reservamos en la nevera hasta el día siguiente. En ese momento, el hojaldre ya estará listo para ser estirado al grosor que necesitemos. Lo conservaremos en el congelador hasta su uso.

Nota: En esta receta os explicamos cómo hacer en casa un hojaldre clásico de calidad, pero como es una receta compleja, podemos utilizar un buen hojaldre comercial sin problemas.

PARA LA TARTA DE MANZANA

hojaldre
crema pastelera
manzanas
pectina de manzana
azúcar glas

Estiramos la masa de hojaldre superfina hasta alcanzar un grosor de 3-4 milímetros. Añadimos por encima una capa de crema pastelera y dos capas de manzana cortada fina en gajos de entre 2-3 milímetros de máximo de grosor. Colocamos la manzana escalonada formando tiras regulares de láminas. Pintamos con pectina de manzana y espolvoreamos con un poco de azúcar glas.

Lo ponemos a cocer a 180 °C unos 15 minutos.

PARA EL TOFE

500 g de azúcar
300 ml de nata caliente
1 cucharada de mantequilla

Calentamos el azúcar con un poco de agua hasta hacer un caramelo, añadimos la nata caliente y finalmente la cucharada de mantequilla. Mezclamos bien hasta obtener una textura de crema densa. Enfriamos y guardamos en nevera.

PARA EL HELADO DE VAINILLA

1 l de leche
600 g de nata
2 vainas de vainilla
100 g de moscabado o flor de coco
70 g de dextrosa
120 g de leche en polvo
6 g de estabilizante helado

Mezclamos la vainilla, el moscabado, la dextrosa, la leche en polvo y el estabilizante. Lo agregamos a la leche y la nata y lo calentamos todo junto hasta alcanzar los 83 °C. Lo trituramos en un robot, lo colamos y lo pasamos por una máquina para helados.

Nota: Servimos la tarta acompañada de tofe y helado de vainilla. Estas tartas también agradecen un chantillí o nata fresca ligeramente batida con textura untuosa.

ARROZ CON LECHE CON ALMENDRAS TIERNAS, CRUDAS Y CARAMELIZADAS

PARA EL ARROZ CON LECHE

2 l de leche fresca
125 g de arroz
125 g de azúcar
¼ de rama de canela
½ vaina de vainilla
1 limón
150 g de mantequilla

Sacamos la mitad de la piel del limón con un pelador o cuchillo fino y retiramos la parte blanca para que no amargue. Colocamos todos los ingredientes en una olla de 20 centímetros, si es posible, que sea antiadherente. Cocemos a fuego bajo o medio de 1 hora y 30 minutos a 2 horas hasta que tengamos una consistencia parecida a la de una bechamel ligera. Durante toda la cocción tenemos que ir mezclando con una espátula y procurando que no se pegue en el fondo. Al final, retiramos los aromáticos, añadimos la mantequilla trabajando con la espátula hasta que esté bien integrada y colocamos 3 o 4 cucharadas del arroz aún tibio en boles. Dejamos enfriar, tapamos con papel de plástico y reservamos en la nevera 1 hora como mínimo.

PARA LAS ALMENDRAS CRUDAS Y TOSTADAS

400 g de almendras largas crudas con piel
100 ml de agua
una pizca de sal
500 ml de leche entera

Para las almendras, colocamos un cazo amplio con 1 litro de agua puesto a hervir, lo sacamos del fuego, añadimos las almendras para escaldarlas y las dejamos un minuto reposando. Colamos las almendras y las pelamos. Reservamos 100 gramos de almendras que colocamos con 100 mililitros de agua unas horas para que se hidraten y tengan la textura de las almendras tiernas. Tostamos el resto de las almendras en el horno a 180 °C y las dejamos enfriar. Juntamos las almendras, la sal y la leche en un robot de cocina y trabajamos hasta obtener una crema líquida. Pasamos por un colador muy fino y reservamos la leche de almendras tostadas para hacer el helado.

PARA EL HELADO DE ALMENDRAS

100 ml de nata espesa
35 g de miel
500 ml de leche de almendra tostada
5 yemas de huevo
100 g de azúcar

Mezclamos en una jarra la nata, la miel y la leche de almendras. Colocamos las yemas y el azúcar en un bol y las batimos con una varilla hasta que estén un poco montadas y blanquecinas. Añadimos la leche de almendras (que ya lleva miel y nata) y mezclamos. Colocamos la mezcla en un cazo y damos calor a fuego medio a la leche hasta obtener una crema ligera. En este paso tenemos que ir con mucho cuidado de no formar grumos o quemar la mezcla. Cocemos lo justo para tener cierta densidad y alcanzar los 70-80 °C. Pasamos por la máquina de helados si disponemos de ella; si se hace de modo tradicional, colocamos la mezcla en el congelador y la vamos batiendo cada 30 minutos con un tendedor para romper los cristales y airear el resultado. Repetimos la operación unas cinco o seis veces, y dejamos que el helado tome cuerpo.

PARA TERMINAR LOS POSTRES

azúcar
1 soplete o pala para quemar cremas

Sacamos las almendras hidratadas del agua y las secamos con un papel de cocina. Cubrimos la crema de arroz con una capa fina de azúcar. Quemamos de manera tradicional con el soplete o la pala de quemar. Dejamos enfriar el caramelo y en un lateral colocamos dos o tres almendras hidratadas y una buena cucharada de helado de almendras tostadas.

CONSEJOS

Esta versión del arroz con leche es mucho más cremosa que las versiones más habituales. La elaboran grandes profesionales de la cocina asturiana y su textura es muy interesante. Si nos gusta más la tradicional, añadimos un poco más de arroz (de 50 a 75 gramos), reducimos la cantidad de leche (unos 5 decilitros) y damos una cocción un poco más rápida para que el grano quede más entero.

TORRIJAS DE «BRIOCHE» A LA VAINILLA

PARA LA MASA DE «BRIOCHE»

675 g de harina de fuerza
37 g de levadura fresca
13 g de sal
150 g de azúcar
25 g de azúcar invertido
105 ml de agua
125 g de yema de huevo fresca
135 g de huevo fresco
260 g de mantequilla pomada

Colocamos la harina en el bol de un robot montador. Ponemos en otro bol la levadura, la sal, el azúcar y el azúcar invertido, y lo trabajamos hasta integrar bien la levadura. Incorporamos el agua fría y mezclamos hasta obtener una masa homogénea. Volcamos la masa en el bol de la harina y trabajamos bien la mezcla con la máquina a velocidad media. Vamos agregando la yema junto al huevo poco a poco, según agarre la masa, y la trabajamos hasta que quede bien lisa. Por último, incorporamos la mantequilla en tandas muy pequeñas para que la masa la absorba perfectamente. Continuamos el amasado hasta que la masa se separe de las paredes del bol.

Terminado el trabajo, colocamos la masa en una fuente, la cubrimos con film transparente y la dejamos reposar en la nevera durante 2 días. Al tercero, la sacamos de la nevera y la dejamos fermentar a temperatura ambiente hasta que doble su volumen. La colocamos en moldes y la horneamos durante 1 hora a 140 °C, con un cien por cien de humedad (punto de cocción interior a 90 °C). Terminada la cocción, la dejamos enfriar por completo antes de cortarla.

PARA EL TOFE DE VAINILLA

100 g de nata
1 vaina de vainilla
100 g de azúcar

Ponemos a hervir la nata con la vaina de vainilla abierta y raspada con la ayuda de un cuchillo afilado. Disponemos en una cazuela el azúcar y hacemos un caramelo en seco. Cuando el caramelo esté en su punto incorporamos la nata con la vainilla y la dejamos hervir sin parar de remover con la pala hasta que la mezcla adquiera la textura deseada. La dejamos reposar y enfriar y la reservamos en un bol bien tapado en la nevera.

PARA EL HELADO DE VAINILLA

500 ml de leche
300 ml de nata
80 g de yema
75 g de azúcar moscabado
25 g de azúcar blanco
100 g de dextrosa
3 g de estabilizante (para helados de crema)
15 vainas de vainilla de buena calidad

Mezclamos en un bol, con la ayuda de unas varillas, todos los ingredientes líquidos. Los vertemos en un cazo y los cocemos a fuego medio hasta que alcancen los 40 °C. Incorporamos los ingredientes secos y las yemas y subimos la temperatura de la mezcla a 83 °C. Retiramos la mezcla del fuego y la batimos ligeramente con el túrmix para emulsionarla bien. La tapamos y la dejamos madurar durante 12 horas en la nevera. Al día siguiente la colamos y la removemos de nuevo con el túrmix. Pasamos la preparación por la máquina de hacer helados y la reservamos a -18 °C en el congelador.

PARA EL BAÑO DE LAS TORRIJAS

300 ml de leche
300 ml de nata fresca
1 vaina de vainilla

Mezclamos la leche y la nata. Abrimos la vaina de vainilla por la mitad con un cuchillo afilado y raspamos las semillas. Envasamos al vacío la mezcla de leche y nata con la vainilla y la infusionamos en un baño de agua a 64 °C durante 30 minutos como mínimo. La dejamos enfriar.

PARA LA GALLETA

50 g de mantequilla pomada
50 g de azúcar moreno
50 g de harina de almendra
50 g de harina de trigo

Trabajamos todos los ingredientes en un robot con la pala de amasar, empezando por la mantequilla pomada y el azúcar. Una vez estén mezclados, agregamos las harinas. Estiramos la masa obtenida formando una lámina de 0,5 centímetros de grosor y la horneamos durante 15 minutos a 160 °C. Una vez fría la masa, la desmenuzamos y la reservamos en un recipiente hermético.

MONTAJE

Cortamos el brioche en rectángulos regulares de 10 por 4 centímetros. En un recipiente, sumergimos las torrijas en el baño preparado y las reservamos en la nevera un mínimo de 2 horas. En el momento de servir el postre, espolvoreamos las torrijas con azúcar y las asamos en una sartén antiadherente con un poco de mantequilla hasta caramelizarlas bien por ambos lados. La torrija no solo tiene que estar caramelizada, sino también caliente por dentro. Para terminar, dibujamos un par de lágrimas en los platos llanos con el tofe y colocamos encima las torrijas; al lado, ponemos una cucharada generosa de galleta desmenuzada y, encima de esta, una buena quenelle de helado de vainilla.

«BROWNIE» CLÁSICO, CARAMELO Y NATA FRESCA A LA VAINILLA

PARA EL «BROWNIE»

6 huevos
600 g de azúcar
600 g de mantequilla
660 g de choco 70 %
540 g de harina
12 g de levadura en polvo tipo Royal
250 g de nueces

Mezclamos todos los ingredientes, menos las nueces, a temperatura ambiente en un robot con pala. Trabajamos hasta obtener una mezcla homogénea y le añadimos las nueces troceadas con la ayuda de una lengua. Introducimos en un molde de hornear antiadherente y lo ponemos a cocer a 180 °C durante 20 minutos.

PARA LA GALLETA DE CACAO

200 g de mantequilla
200 g de harina
200 g de harina de almendras
200 g de azúcar
50 g de cacao

Mezclamos todos los ingredientes hasta obtener una masa. La estiramos en una bandeja con papel sulfurizado y la cocemos a 180 °C durante 8 minutos.

PARA EL HELADO DE CARAMELO SALADO

332 g de azúcar
340 g de nata
200 g de leche
35 g de leche en polvo
280 g de yema
50 g de azúcar invertido
10 g de sal

Con el azúcar y la nata hacemos un tofe. Reservamos.

Disolvemos la leche en polvo con la leche y la incorporamos con el tofe.

Mezclamos la yema y el azúcar invertido y lo calentamos a 80 °C. Lo unimos todo a la mezcla anterior, lo pasamos por una máquina de helados y reservamos en un congelador a -18 °C.

PARA LAS NUECES CARAMELIZADAS

150 ml de agua
115 g de azúcar
25 g de miel
20 nueces
aceite de girasol para freír

Hacemos un almíbar con el agua, la miel y el azúcar. Cuando empiece a hervir agregamos las nueces. Dejamos que vuelva a hervir y sacamos del fuego. Colamos y dejamos enfriar el almíbar. Una vez frío, volvemos a agregar las nueces y de nuevo hervimos, colamos y enfriamos otra vez el almíbar. Este procedimiento se tiene que repetir unas tres o cuatro veces.

La cuarta vez después de hervir lo sacamos del fuego y dejamos enfriar todo junto sin colar. Guardamos el almíbar en la nevera durante 24 horas. Al cabo del tiempo, sacamos las nueces del almíbar de una en una y las freímos en aceite muy caliente.

MONTAJE

chantillí

Calentamos un poco el brownie en el horno, lo disponemos en el plato y encima ponemos un poco de galleta de cacao, una cucharada de chantillí y, encima de la galleta, el helado. Decoramos el plato con dos o tres nueces.

Nota: En este caso, hemos acompañado nuestro brownie con elementos caramelizados y salados, pero una simple nata fresca ligeramente batida ya es una guarnición perfecta.

«PANETTONE» DE TRES CHOCOLATES Y NARANJA

PARA LA PRIMERA MASA

150 g de masa madre casera (si no la tenemos podemos utilizar 5 g de levadura seca o 10 g de fresca)
1 dl de agua mineral tibia
155 g de harina de fuerza de 14 % de proteína
30 g de mantequilla
20 g de azúcar
1 huevo
1 yema de huevo

Ponemos en un bol la masa madre o la levadura con el agua y tamizamos encima de esta mezcla 55 gramos de harina. Mezclamos hasta formar una masa líquida y tapamos con plástico. Lo dejamos fermentar a temperatura ambiente 30 minutos.

En el robot amasador de varillas introducimos la mantequilla a temperatura ambiente y el azúcar. Trabajamos 2 minutos a velocidad media para blanquear la mantequilla y añadimos el huevo y la yema.

Añadimos a esta preparación la masa con los fermentos y la harina restante tamizada. Trabajamos 3 minutos a velocidad media hasta formar una masa bien integrada.

Colocamos nuestra primera masa en un bol amplio de plástico y tapamos con papel transparente. La dejamos fermentar 5 horas a temperatura ambiente o 12 horas en el frigorífico.

PARA LA SEGUNDA MASA

60 g de mantequilla pomada
60 g de azúcar
80 g de yemas de huevo
180 g de harina de fuerza de 14 % de proteína
la primera masa
5 g de sal

En el robot amasador de varillas introducimos la mantequilla a temperatura ambiente y el azúcar y la sal. Trabajamos 2 minutos a velocidad media para blanquear la mantequilla y añadimos las yemas.

Añadimos a esta preparación la primera masa y la harina tamizada, cambiamos de varillas a gancho y trabajamos 10 minutos a velocidad media. Paramos el trabajo durante 5 minutos para que la masa se relaje y repetimos el amasado 10 minutos más. Vamos repitiendo estos intervalos de trabajo y descanso hasta que la red del gluten esté muy bien formada, gane mucha tensión y se pegue bien al gancho de la máquina. Normalmente con tres secuencias o cuatro de trabajo suele ser suficiente.

PARA EL AMASADO FINAL

30 g de chocolate negro al 70 % de cacao picado en trozos regulares de 5 mm
30 g de chocolate blanco picado en trozos regulares de 5 mm
30 g de chocolate con leche picado en trozos regulares de 5 mm
30 g de naranja escarchada picada en trozos regulares de 5 mm
semillas de 1 vaina de vainilla
15 g de miel
1 g de canela en polvo
25 g de cacao en polvo

Cuando la masa está preparada, añadimos todos los ingredientes de la lista y trabajamos unos 5 minutos más para integrarlos bien. Pasamos la masa a un recipiente de plástico pincelado con aceite. Con las manos húmedas y cogiendo la masa por el centro con cuidado, hacemos tres pliegues simples en la masa para favorecer la entrada de aire y añadirle un poco más de tensión. Dejamos reposar 20 minutos y repetimos los pliegues. Dejamos reposar 10 minutos y ya podemos formar el panettone.

PARA EL GLASEADO DE COCCIÓN

75 g de azúcar glas
25 g de harina de almendra
1 clara de huevo
12 g de almidón de maíz
5 ml de aceite de girasol

Mezclamos todos los ingredientes en un bol con la ayuda de una varilla y reservamos.

COCCIÓN Y SERVICIO

la masa terminada
el glaseado de cocción
molde para panettone
azúcar glas
azúcar perlado

Damos forma de bola a nuestra masa y la introducimos en un molde para panettone de 1 kilo (si queremos hacer dos de medio kilo solo tenemos que dividir la masa y darle forma).

Dejamos reposar la masa en el molde hasta que doble su volumen a temperatura ambiente tapándolo con plástico de cocina y previamente pincelado con aceite para que no se pegue. Esta operación suele tardar un par de horas. Es importante no quedarnos cortos con la fermentación ni pasarnos porque entonces no subirá como es debido.

Precalentamos nuestro horno a modo tradicional ventilado a 170 °C un mínimo de 15 minutos antes de meter el panettone.

Lo cubrimos con cuidado con el glaseado de cocción y espolvoreamos por encima el azúcar perlado y un poco de azúcar glas. Lo cocemos encima de una rejilla por espacio de 30 a 35 minutos hasta que esté bien aéreo y caramelizado.

Una vez terminada la cocción, pinchamos la base con dos varillas de acero y lo colgamos boca abajo durante 5 horas. Cuando esté frío, lo podemos conservar con papel de celofán para impedir que entre el aire.

«ROSCOTTONE»

PARA LA PRIMERA MASA

150 g de masa madre casera (si no la tenemos podemos utilizar 5 g de levadura seca o 10 de fresca)
1 dl de agua mineral tibia
155 g de harina de fuerza de 14 % de proteína
30 g de mantequilla
20 g de azúcar
1 huevo
1 yema de huevo

Mezclamos en un bol la masa madre o la levadura con el agua y tamizamos encima de esta mezcla 55 gramos de harina. Mezclamos hasta formar una masa líquida y tapamos con plástico. Dejamos fermentar a temperatura ambiente 30 minutos.

En el robot amasador de varillas introducimos la mantequilla a temperatura ambiente y el azúcar. Trabajamos 2 minutos a velocidad media para blanquear la mantequilla y añadimos el huevo y la yema.

Añadimos a esta preparación la masa con los fermentos y la harina restante tamizada. Trabajamos 3 minutos a velocidad media hasta formar una masa bien integrada.

Colocamos nuestra primera masa en un bol amplio de plástico y tapamos con papel transparente. Dejamos fermentar 5 horas a temperatura ambiente o 12 horas en el frigorífico.

PARA LA SEGUNDA MASA

la primera masa
60 g de mantequilla pomada
60 g de azúcar
80 g de yemas de huevo
180 g de harina de fuerza de 14 % de proteína
5 g de sal

En el robot amasador de varillas introducimos la mantequilla a temperatura ambiente y el azúcar. Trabajamos 2 minutos a velocidad media para blanquear la mantequilla y añadimos las yemas.

Añadimos a esta preparación la primera masa y la harina tamizada; cambiamos de varillas a gancho y trabajamos 10 minutos a velocidad media. Paramos el trabajo durante 5 minutos para que la masa se relaje y repetimos el trabajo 10 minutos más. Vamos repitiendo estos intervalos de trabajo y descanso hasta que la red del gluten esté muy bien formada, la masa gane mucha tensión y se pegue bien al gancho de la máquina. Normalmente con tres secuencias o cuatro de trabajo suele ser suficiente.

PARA EL AMASADO FINAL

120 g de naranja escarchada picada en trozos regulares de 5 mm
semillas de 1 vaina de vainilla
10 g de miel
4 cucharadas (de 30 a 40 ml) de agua de azahar

Cuando la masa está lista, añadimos todos los ingredientes y trabajamos unos 5 minutos más para integrarlos. Pasamos la masa a un recipiente de plástico pincelado con aceite. Con las manos húmedas y cogiendo la masa por el centro con cuidado, hacemos tres pliegues simples para favorecer la entrada de aire y añadir un poco más de tensión a la masa. Dejamos reposar 20 minutos y repetimos los pliegues. Dejamos reposar 10 minutos y ya podemos formar el roscottone.

PARA EL RELLENO

100 g de azúcar glas
1 vaina de vainilla
250 g de queso crema
100 g de chocolate blanco
450 g de nata fresca

Juntamos las semillas de vainilla con el azúcar (esta operación es mejor realizarla el día anterior para que el azúcar adquiera todo el aroma de la vainilla). En un bol mezclamos el queso y el azúcar perfumado y batimos hasta formar una crema. Añadimos el chocolate blanco fundido a 35 °C y mezclamos de nuevo con la varilla. Para terminar, añadimos la nata recién montada realizando suaves movimientos envolventes con la ayuda de una espátula hasta lograr una mezcla suave y homogénea. Reservamos en el frigorífico para que tome un poco de cuerpo antes de utilizarla.

PARA EL GLASEADO DE COCCIÓN

75 g de azúcar glas
25 g de harina de almendra
1 clara de huevo
12 g de almidón de maíz
5 ml de aceite de girasol

Mezclamos todos los ingredientes en un bol con la ayuda de una varilla y reservamos.

COCCIÓN Y SERVICIO

la masa terminada
el glaseado de cocción
azúcar glas
azúcar perlado

Dividimos nuestra masa en dos y le damos forma de bola. Con los dedos ligeramente impregnados de aceite, formamos un agujero en el centro para dibujar un roscón e introducimos la masa en un molde para roscones de 20 a 28 centímetros. Si no tenemos molde, podemos colocarla en una fuente con papel de horno y una flanera de acero al revés pincelada con aceite. Dejamos fermentar tapado con un bol grande o con papel de plástico hasta que la masa doble de volumen. Esta operación suele tardar un par de horas. Es importante no quedarnos cortos con la fermentación ni excedernos, porque si no, no subirá como es debido.

Precalentamos nuestro horno a modo tradicional ventilado a 170 °C un mínimo de 15 minutos antes de la cocción.

Cubrimos con cuidado con la glasa de cocción y espolvoreamos por encima el azúcar perlado y un poco de azúcar glas. Cocemos encima de una rejilla durante 25-35 minutos hasta que esté bien aéreo y caramelizado. Una vez terminada la cocción, dejamos enfriar por completo a temperatura ambiente. Cuando ya esté frío, lo podemos conservar tapado con papel de plástico para impedir que entre el aire hasta el momento de rellenar.

Antes de servir abrimos por la mitad con la ayuda de un cuchillo de sierra y con una manga pastelera rellenamos con una buena cantidad. Tapamos de nuevo y dejamos reposar en el frigorífico hasta el momento de degustar.

BUÑUELOS BOMBÓN CON TRES CHOCOLATES, FRUTOS SECOS Y VAINILLA CONCENTRADA

PARA LA GANACHE BLANCA CON TOQUE DE TRUFA

330 ml de nata fresca
300 g de chocolate blanco
85 g de azúcar
50 g de huevo entero pasteurizado
10 g de mantequilla de trufa blanca (*Albidum pico*)
1 hoja de gelatina de 2 g

Hidratamos la hoja de gelatina en agua helada, mezclamos el resto de los ingredientes menos el chocolate y le damos calor hasta alcanzar los 83 °C. Añadimos la hoja de gelatina y el chocolate y mezclamos bien. Dejamos reposar un mínimo de 3 horas en la nevera.

PARA LA GANACHE DE CHOCOLATE CON LECHE Y CHIPOTLE

330 g de nata
50 g de huevo
75 g de azúcar
1 hoja de gelatina
200 g de chocolate con leche
20 g de pasta de chipotle

Hacemos una crema inglesa con la nata, el azúcar y los huevos hasta alcanzar los 85 °C, incorporamos la gelatina previamente hidratada y lo juntamos con el chocolate y la pasta de chipotle. Conservamos en nevera hasta que tome cuerpo.

PARA EL CREMOSO DE CHOCOLATE NEGRO A LA PIMIENTA

330 ml de nata
50 g de huevo
85 g de azúcar
220 g de guanaja al 70 %
1 hoja de gelatina
5 g de pimienta negra

Cremamos el azúcar y el huevo en un bol, llevamos la nata a ebullición y temperamos sobre la mezcla. Lo vertemos de nuevo en el cazo y lo llevamos a 83 °C. Retiramos del fuego y añadimos la hoja de gelatina previamente hidratada. Vertemos la mezcla sobre el chocolate, dejamos reposar 1 minuto y comenzamos mezclando con una lengua en el centro hasta conseguir un núcleo brillante que asegure la emulsión. Continuamos hasta tenerla homogénea y dejamos reposar un mínimo de 4 horas.

PARA EL CREMOSO DE CHOCOLATE RUBY CON TOQUE DE PIMIENTA ROSA

330 ml de nata
50 g de huevo
85 g de azúcar
220 g de guanaja ruby al 70 %
1 hoja de gelatina
5 g de pimienta rosa

En este caso, hay que repetir los mismos pasos que se han seguido para el cremoso de chocolate negro a la pimienta.

PARA EL HELADO DE VAINILLA

500 g de leche
315 g de nata
100 g de dextrosa
2,5 g de estabilizante
125 g de yemas
100 g de azúcar moreno
50 g de glicerina
11 vainas de vainilla
7 g de pasta de vainilla concentrada

En una olla calentamos a fuego medio la leche y la nata y con la ayuda de un termómetro esperamos a que suba a 40 °C para añadir los demás ingredientes sólidos. Subimos la temperatura a 85 °C con la ayuda del brazo del triturador de cocina, removemos bien y dejamos madurar en cámara durante 12 horas. Una vez transcurrido ese tiempo de reposo, pasamos el helado por la mantecadora y conservamos en el congelador.

PARA LA MASA DE FRITURA

300 g de harina
5 huevos
100 ml de agua
100 g de azúcar
3 g de bicarbonato
1 g de miel

Pesamos todos los ingredientes, los introducimos en una jarra de litro y los mezclamos con la ayuda del brazo del triturador de cocina. Cuando tengamos una mezcla densa pero libre de grumos, paramos y conservamos en la nevera dentro de un sifón con dos cargas de gas y lo dejamos reposar un mínimo de 2 horas.

PARA LOS BUÑUELOS FRITOS DE CHOCOLATE

Colocamos los 4 cremosos en manga y hacemos 4 bolas de 5 a 6 gramos. Repasamos un poco para darle la máxima forma esférica y lo dejamos en la nevera con un palillo pinchado a 4 milímetros. Colocamos la masa de fritura del sifón en un bol. Pasamos las bolitas con el palillo por nitro 4 segundos y luego por la masa de fritura. Freímos en aceite de girasol a 180 °C hasta que tomen un bonito color tostado. Dejamos reposar unos minutos en un lugar cálido y servimos sin demora.

OTROS

azúcar impalpable para decorar
praliné de avellanas
praliné de piñones con miel
praliné de pistacho
praliné de almendras saladas
piñones, avellanas y pistachos caramelizados
almendras largas tostadas

BIZCOCHO DE CHOCOLATE CON NATA A LA VAINILLA

PARA EL BIZCOCHO DE CHOCOLATE

8 huevos
150 g de harina de repostería
12 g de impulsor (levadura seca Royal)
175 g de mantequilla pomada en daditos
225 g de cobertura de chocolate al 70-80 %
225 g de azúcar

Empezamos batiendo los huevos en un robot de cocina; mientras se montan, añadimos el azúcar y terminamos de montar hasta que el azúcar esté incorporado y la mezcla quede perfectamente emulsionada y lo más aérea posible.

Por otro lado, mezclamos la harina con el impulsor.

En un cazo con agua hirviendo preparamos un baño maría para fundir el chocolate. Lo fundimos con delicadeza sin dejar que se caliente demasiado y añadimos la mantequilla pomada, que acabará de incorporarse con el calor del propio chocolate. Mezclamos bien.

En el recipiente donde hemos montado los huevos, vertemos el chocolate a 30 °C, con delicadeza, realizando con una espátula movimientos envolventes. Añadimos luego la harina con el impulsor, tamizada varias veces para incorporarla correctamente y poco a poco. Podemos introducir unas nueces picadas y unas virutas de chocolate en la masa de modo opcional para hacer un bizcocho que nos recuerde al brownie.

En una fuente de horno previamente engrasada con mantequilla y espolvoreada con un poco de harina para crear una capa antiadherente y evitar que el bizcocho pegue durante la cocción, vertemos la masa del bizcocho y la cocinamos en el horno a 150 °C durante 30 minutos. La dejamos enfriar completamente antes de desmoldar nuestro bizcocho.

PARA LA NATA A LA VAINILLA

250 g de nata para montar
50 g de azúcar
50 ml de agua para el almíbar
1 vaina de vainilla
1 hoja de gelatina de 2 g

Calentamos el agua en un cazo pequeño con el azúcar y lo llevamos a ebullición con las semillas de una vainilla y su propia vaina raspada. Dejamos infusionar un mínimo de 15 minutos fuera del fuego.

Hidratamos la hoja de gelatina en agua fría y, transcurridos 5 minutos, la secamos bien antes de utilizarla. Cuando vayamos a incorporar el almíbar de vainilla a nuestra elaboración, lo colamos y añadimos la hoja de gelatina. Colamos de nuevo.

Montamos la nata con unas varillas hasta conseguir una textura delicada y le agregamos el almíbar de vainilla colado a 30 °C realizando movimientos delicados y envolventes hasta que esté perfectamente integrado. Colocamos la nata en un bol y la dejamos reposar unos minutos en la nevera para que tome cuerpo.

PARA LA SALSA DE CHOCOLATE

125 g de chocolate
250 g de leche

Hervimos la leche en un cazo y fundimos en ella el chocolate bien picado hasta tener una salsa cremosa y brillante. Reservamos.

PARA EL GLASEADO DE CHOCOLATE

125 g azúcar
1 dl agua
75 g chocolate al 70 % de cacao
50 g de cacao en polvo
75 g de mantequilla

Ponemos al fuego el agua con el azúcar y el cacao justo hasta que empiece a hervir o se forme un almíbar oscuro. En un vaso para túrmix, introducimos la mantequilla en dados y el chocolate picado. Añadimos el almíbar caliente de cacao y trabajamos con el túrmix hasta obtener un glaseado cremoso y brillante. Colamos el glaseado y lo reservamos. Para su uso, solo lo tenemos que calentarlo a 30 °C.

OTROS

nueces de California

MONTAJE

Glaseamos nuestro bizcocho con el glaseado a 30 °C y lo aceramos en la mesa. Cortamos el bizcocho y lo servimos en platos con un par de cucharadas de salsa de chocolate.

Terminamos con una cucharada generosa de la nata a la vainilla y unas nueces troceadas.

Nota: Este postre se puede acompañar de un buen helado de nata, vainilla o frutos secos, con resultados espectaculares.

«TATIN» DE PLÁTANO CON GALLETA DE CACAO Y NATA CÍTRICA

PARA LA MASA

200 g de harina
125 g de mantequilla fría a daditos
40 g de azúcar
30 g de cacao
5 g de sal
1 huevo entero

Mezclamos en un bol la harina, el azúcar, la sal y el cacao y lo tamizamos. Añadimos la mantequilla y la trabajamos con unas varillas, mezclando hasta que quede incorporada. Agregamos el huevo batido con unas gotas de agua hasta conseguir una masa homogénea y apelmazada. La estiramos a 1 centímetro y la envolvemos en film trasparente. La dejamos enfriar en la nevera 20 minutos como mínimo. Pasado ese tiempo, estiramos la masa a 3 o 4 milímetros y cortamos y forramos con ella el molde para hornear. La cocemos a 180 °C unos 15 minutos.

PARA LA NATA CÍTRICA

100 ml de agua
50 g de azúcar para el almíbar
250 ml de nata para montar
las pieles de 1 naranja, 1 limón, 1 lima y 1 citronela
1 hoja de gelatina

Escaldamos las pieles tres veces en tres aguas distintas para sacarles el amargor y que quede solo el sabor cítrico. Ponemos a hervir el agua de la receta con el azúcar hasta conseguir un almíbar untuoso. Seguidamente, añadimos las pieles de cítricos y la citronela troceada y lo dejamos infusionar de 20 a 30 minutos; mientras, ponemos a hidratar la gelatina en agua helada y montamos la nata. Calentamos el almíbar, le añadimos la gelatina y, cuando se disuelva, lo colamos. Incorporamos el almíbar tibio a la nata montada fría con suavidad y lo reservamos en una manga.

PARA LA «TATIN» DE PLÁTANO

4 plátanos
125 g de azúcar
65 g de mantequilla
½ limón
1 nuez moscada

Pelamos y cortamos el plátano en trozos regulares de 1 centímetro aproximadamente, exprimimos el limón y añadimos la mantequilla cortada en dados y un poco de la ralladura de nuez moscada. Lo mezclamos bien.

Por otro lado, calentamos el azúcar en una sartén hasta conseguir un buen caramelo y, llegados a este punto, durante unos segundos salteamos a fuego vivo el plátano sazonado incorporando la mantequilla y lo reservamos.

MONTAJE

kumquat (naranjas chinas)

Sobre la masa, y respetando los márgenes, colocamos los trozos de plátano de forma elegante. Los salseamos con el tofe de plátano (la salsa de saltear los plátanos).

Una vez tenemos el plátano sobre la masa crujiente, añadimos la nata de cítricos por encima y lo adornamos con unas láminas de kumquat.

«BRIOCHE» CON CREMA DE CACAO Y AVELLANAS «TORTA DI ROSE»

PARA EL «BRIOCHE»

500 g de harina de repostería
2 huevos
15 g de levadura prensada
85 ml de leche de vaca
180 g de mantequilla
75 g de azúcar
5 g de sal
20 ml de licor amaretto
25 g de miel
la ralladura de 1 mandarina
2 o 3 ml de esencia de vainilla

Mezclaremos la miel, el licor, la vainilla y la ralladura de mandarina y dejaremos infusionar unos minutos.

Amasaremos en un robot durante 10 minutos la harina tamizada, el azúcar y los huevos de uno en uno mientras el robot trabaja.

Cuando se despegue del recipiente, iremos añadiendo la mantequilla a temperatura ambiente, la miel con los saborizantes, y amasaremos hasta conseguir formar con la mano una telilla fina de unos 20 centímetros (en este momento se le puede añadir masa madre).

La dejaremos 30 minutos en un bol tapado con celofán a temperatura ambiente y la introduciremos después en la cámara durante 12 horas.

PARA EL HELADO DE LECHE

½ l de leche
¼ l de leche concentrada
75 ml de nata líquida
75 g de glucosa
75 g de azúcar
75 g de leche en polvo

Calentaremos en un cazo un poco de leche con la glucosa para que se ablande y se deslíe fácilmente. Añadiremos el resto de los ingredientes, mezclaremos bien y colaremos. Enfriaremos en el frigorífico. Montaremos el helado en la sorbetera siguiendo las instrucciones del fabricante.

PARA LA CREMA DE AVELLANAS Y CACAO

200 g de chocolate negro al 70 % de cacao
150 g de avellanas tostadas
50 ml de aceite de avellana tostada
175 ml de leche condensada
175 ml de agua

Colocaremos las avellanas en un cazo con el aceite y calentaremos hasta los 60 °C. Trituraremos las avellanas y el aceite en un robot de cocina hasta formar una crema muy fina. Fundiremos el chocolate negro en un bol al baño maría o al microondas sin calentarlo demasiado, lo justo para que se funda. En otro cazo haremos hervir el agua con la leche condensada. Mezclaremos la crema de avellanas, el chocolate y la leche condensada con agua ya atemperada y trabajaremos en un robot un par de minutos para integrar bien todos los elementos. Colocaremos nuestra crema en un tarro hermético de cristal y la podremos conservar a temperatura ambiente una semana como mínimo.

PARA FORMAR LA TARTA

brioche fermentado
crema de cacao y avellanas
azúcar glas

Estiraremos la masa encima de un papel antiadherente de repostería formando un rectángulo de ½ centímetro de espesor. Aplicaremos encima de la masa sin llegar al borde una capa de 2 a 3 milímetros de crema de cacao de forma regular y enrollaremos la masa formando un rulo lo más perfecto posible. Dejaremos que tome cuerpo el cilindro en la nevera y luego lo cortaremos en segmentos. Colocaremos los cortes de forma vertical, con la espiral hacia arriba, en un molde desmontable ligeramente untado con mantequilla. Mantendremos 1 centímetro entre segmentos para que se desarrollen bien y dejaremos fermentar a temperatura ambiente hasta que doblen su volumen. Coceremos en un horno precalentado a 180 °C durante 20 minutos, dejaremos enfriar la torta, desmoldearemos y espolvorearemos azúcar glas.

La *torta di rose* se puede degustar tal cual, también la podéis servir cortada con un poco más de crema de cacao y el helado de leche que acompaña esta receta.

CREMA CATALANA QUEMADA

8 huevos muy frescos
800 g de leche entera
200 g de nata líquida
150 g de azúcar
35 g de maicena
½ piel de un limón
½ piel de naranja
½ rama de canela
una pizca de sal

Comenzamos introduciendo en una olla la leche y la nata con las cortezas de limón, de naranja y la rama de canela. Damos un hervor y dejamos infusionar hasta que esté de nuevo templado.

Seguimos cascando los huevos y separando la yema de las claras. Estas pueden aprovecharse para otras preparaciones.

Por otra parte, en un bol mezclamos, removiendo bien, el azúcar, la sal y la maicena, añadimos las yemas batidas y unimos todo con unas varillas.

Calentamos otra vez la leche y, cuando rompa a hervir de nuevo, la vertemos en la mezcla de yemas, azúcar y maicena. Removemos a fuego medio para que no se nos pegue, dejamos que la mezcla vuelva a hervir de nuevo, luego la pasamos por un chino o colador grueso y la volcamos en unas cazuelitas individuales.

La dejamos enfriar sin tapar y espolvoreamos azúcar sobre nuestras cremas. Antes de servir, requemamos con un soplete de cocina o hierro hasta que el azúcar se caramelice.

Para acompañar nuestra crema, podemos utilizar carquiñoles, barquillos o las galletas que más nos gusten.

NUESTRA VERSIÓN DEL CANÓNIGO LEBANIEGO *DE JESÚS SÁNCHEZ*

PARA EL NÚCLEO DE CARAMELO

100 g de azúcar
70 g de mantequilla
100 g de nata
300 g de leche
1 g de xantana

Hacemos un caramelo rubio oscuro con el azúcar, añadimos la mantequilla y, enseguida, la nata. Lo dejamos hervir hasta que se disuelva todo el caramelo. Agregamos la leche, lo hervimos durante 2 minutos y lo retiramos del fuego. Incorporamos la xantana y trituramos bien. Lo enfriamos y lo congelamos en moldes esféricos.

PARA EL «MARSHMALLOW» DE LECHE Y VAINILLA

75 g de clara pasteurizada
3 g de albúmina en polvo
130 ml de agua
150 g de azúcar
15 g de glucosa líquida
160 ml de agua
5 hojas de gelatina
180 g de leche
45 g leche en polvo
1 vaina de vainilla
0,5 g de xantana
aros de 4,5 cm de diámetro por 3 cm de altura

Mezclamos la clara junto a la albúmina en el bol de la montadora y montamos a velocidad media.

Mientras se montan las claras, calentamos los 130 mililitros de agua junto con el azúcar y la glucosa líquida, y hacemos un almíbar a 118 °C. Cuando alcance esa temperatura, lo retiramos del fuego y dejamos bajar las burbujas.

Vertemos un hilo fino de almíbar sobre las claras semimontadas y seguimos montando. Por otro lado, calentamos 160 mililitros de agua y agregamos las hojas de gelatina previamente hidratadas. Una vez el marshmallow esté frío, añadimos el agua con gelatina a 40 °C a hilo fino y seguimos montando.

Mezclamos los 180 gramos de leche con la leche en polvo, la xantana y la vainilla y, cuando el marshmallow esté bien montado, lo mezclamos con la mezcla de leches con movimientos envolventes y lo ponemos en una manga pastelera.

Escudillamos el marshmallow en los aros llenándolos hasta la mitad e introducimos el núcleo congelado. Volvemos a llenarlos con el marshmallow hasta el borde del aro y los ponemos en el abatidor hasta que se congelen. Desmoldamos, los caramelizamos con un soplete y los dejamos enfriar rápidamente.

PARA LAS NATILLAS

100 g de yema pasteurizada
100 g de nata
200 g de leche
50 g de azúcar
1 unidad de vainilla

Mezclamos todos los ingredientes con unas varillas y lo llevamos al baño maría hasta que alcance los 83 °C. Cuando esté, lo colamos y lo dejamos enfriar.

OTROS

hojas de menta
arándanos
frambuesa

ISLAS FLOTANTES *DE SAMANTHA*

Es un postre muy francés. Se hace rápido y se guarda en la nevera hasta tomarlo. A mí me encanta ponerle mucho caramelo y dejar que este caiga por los lagos de las islas sobre las natillas y que se mezcle con estas.

Cuidado en el momento en que juntas al fuego el huevo con la leche: no te despistes porque el huevo se cuaja y se cortan las natillas.

Ten preparado el colador con un recipiente para no perder tiempo.

1 l de leche
1 vaina de vainilla rasgada longitudinalmente
8 yemas de huevo
100 g de azúcar
100 g de azúcar para el caramelo

Ponemos la leche al fuego hasta que hierva. Cuando esté hirviendo, abrimos longitudinalmente la vaina de vainilla y sacamos con la punta del cuchillo todas las bolitas de vainilla y las mezclamos con la leche. Reservamos.

Batimos con fuerza las yemas de huevo y el azúcar. Fuera del fuego, echamos un poco de la leche caliente sobre las yemas y el azúcar y mezclamos rápidamente con las varillas.

Vertemos el resto de la leche caliente. Ponemos al fuego la mezcla durante 3 minutos, sin dejar que hierva, removiendo todo el tiempo hasta que estén suficientemente espesas.

Para comprobar que las natillas están en su punto, echamos una gota de natillas sobre una superficie y pasamos el dedo por el centro de la gota dividiéndola en dos. Si no se queda dividida, es que no están hechas y hay que seguir cocinándolas al fuego.

Colamos y ponemos en una fuente.

Montamos las claras a punto de nieve. Ponemos una sartén con agua hirviendo a fuego lento y colocamos las claras en forma de isla con una cuchara sopera sobre esta agua hirviendo 1 minuto sobre cada lado para que se sellen. Las sacamos con espumadera y escurrimos sobre papel.

Ponemos las natillas en una bonita ensaladera, colocamos una a una las islas encima y hacemos un caramelo con el resto del azúcar y, cuando esté dorado, lo ponemos por encima.

«MEL I MATÓ» CON ALBARICOQUE *DE JORDI ROCA*

PARA EL CARAMELO DE MIEL

200 g de miel cristalizada (Crumiel)

Espolvoreamos la miel cristalizada sobre un tapete de silicona. Horneamos a 170 °C y sin ventilación hasta fundirla. Pellizcamos el caramelo fundido resultante y formamos pañuelos otorgándoles volumen manualmente. Los dejamos enfriar a temperatura ambiente y reservamos en un recipiente hermético hasta el momento del pase.

PARA EL DULCE DE LECHE Y MIEL

1 l de leche de oveja
250 g de miel de mil flores
250 g de azúcar
150 g de glucosa líquida
2 clavos de olor
2 g de bicarbonato

Llevamos todos los ingredientes a ebullición. Una vez arranque el hervor, los dejamos reducir a fuego suave hasta que la mezcla adquiera un tono acaramelado y su textura en frío resulte densa. Lo retiramos del fuego y reservamos hasta el momento del pase.

PARA LA ESPUMA DE MATÓ

300 g de mató
300 g de nata

Trituramos el mató en la Thermomix hasta obtener un puré liso y fino. Añadimos la nata y homogenizamos de nuevo. Lo introducimos en un sifón con dos cargas de gas y lo reservamos en cámara hasta el momento del pase.

PARA EL HELADO DE «MATÓ»

625 g de mató
87,5 ml de leche
205 g nata
25 g de leche en polvo
170 g de dextrosa
128 g de azúcar
9 g de estabilizante para helados

Calentamos la leche, la nata y la leche en polvo a 40 °C. Añadimos la dextrosa, el azúcar y el estabilizante, previamente mezclados, y en pequeños intervalos. Subimos la temperatura a 85 °C y, acto seguido, lo retiramos del fuego. Trituramos con el túrmix y abatimos a 20 °C. Agregamos el mató y turbinamos de nuevo hasta homogenizar. Dejamos madurar en cámara durante 24 horas. Transcurrido ese tiempo, lo mantecamos e introducimos en una manga con boquilla lisa de 10 centímetros de diámetro. Lo reservamos en el congelador hasta el momento del pase.

PARA LA PLACA DE ALBARICOQUE

500 g de puré de albaricoque
2,5 hojas de gelatina

Calentamos una cuarta parte del puré de albaricoque a 50 °C. Lo retiramos del fuego y disolvemos la gelatina, previamente hidratada. Mezclamos con el puré restante y extendemos con 0,5 centímetros de grosor en una bandeja cubierta con papel sulfurizado. Abatimos y cortamos en rectángulos de 8 por 4 centímetros. Reservamos en el congelador hasta el momento del pase.

MONTAJE

6 dados de albaricoque de 6 mm de lado
cantidad necesaria de flores de temporada

Dosificamos el dulce de leche y la miel en la base de un plato y situamos una placa de albaricoque encima. Escudillamos un cilindro de helado de mató sobre esta última y cubrimos con espuma de mató. Coronamos con los dados de albaricoque, las flores de temporada y, por último, un caramelo de miel.

«COOKIES» AMERICANAS DE CHOCOLATE Y MANTEQUILLA DE CACAHUETE

Originarias de Massachusetts, estas galletas fueron creadas por casualidad por Ruth Graves Wakefield en 1930 en su albergue Toll House. Un día, cuando preparaba una tanda de galletas de mantequilla, añadió a la masa unos trocitos de chocolate con leche pensando que se iban a derretir y a mezclar con la masa. Nada de eso ocurrió, los trozos de chocolate conservaron su forma y consistencia tras la cocción para mayor alegría de los clientes. El producto tuvo tal éxito que una marca importante de chocolate observó que las ventas de esta clase de galletas aumentaban considerablemente en el estado de Massachusetts y decidió comercializar la nueva receta a cambio de aprovisionar de chocolate de por vida a la inventora.

400 g de harina común de 10%-11% de proteínas
6 g de levadura en polvo
400 g de mantequilla
250 g de azúcar blanquilla
280 g de azúcar moreno
4 g de sal
125 g de huevos
175 g de mantequilla de cacahuete
120 g de perlas de chocolate al 64%

Tamizamos la harina y la levadura en polvo. En la batidora con cuchilla, trabajamos la mantequilla, los azúcares y la sal. Añadimos los huevos. A continuación, agregamos la harina y la levadura en polvo. Incorporamos la mantequilla de cacahuete y luego las perlas de chocolate y pasamos a formar unas bolas de 70 gramos. Las disponemos sobre placas recubiertas de papel de horno. Antes de hornearlas, haremos una ligera presión con la mano sobre las bolas de masa. Ahora sí, las coceremos entre 12 y 15 minutos, a 170 °C en horno ventilado. Las dejaremos enfriar sobre la placa 15 minutos y luego sobre una rejilla.

TARTA DE QUESO CON FRESAS CONCENTRADAS

PARA LA MASA

200 g de harina común o de repostería
100 g de galleta caramelizada Speculoos
175 g de mantequilla
1 huevo
50 g de azúcar
una pizca de sal

Utilizamos un bol de cocina para trabajar los ingredientes, introducimos la sal, la galleta hecha polvo, la harina, la mantequilla en textura de pomada a temperatura ambiente, el azúcar y por último el huevo entero. Mezclamos hasta obtener una masa integrada y bien lisa. Reservamos en la nevera unos 40 minutos para que coja cuerpo. Transcurrido este tiempo, pesamos 200 g de la masa y la ponemos encima de un papel sulfurizado, la cubrimos con la otra mitad del papel sulfurizado y le damos forma con la base del molde que vayamos a utilizar, presionando de modo homogéneo hasta que cubra la base. Retiramos el papel de arriba y disponemos en la base del molde el papel con la masa encima. Cerramos con la parte superior del molde de tarta de queso y cubrimos las paredes con un poco de la masa para darle altura. Reservamos en la nevera unos 20 minutos para que la masa quede compacta. Acabado este tiempo, cubrimos la base y los laterales con papel sulfurizado. Encima ponemos los garbanzos o esferas de cocción para poder cocinar la masa en el horno sin que se deforme. Cocinamos durante 15 minutos a 200 °C. Sacamos los garbanzos y el papel sulfurizado y reservamos.

PARA EL RELLENO DE LA TARTA

5 huevos
500 g de queso crema
50 g de queso azul
250 ml de nata
100 g de azúcar
una pizca de sal

Para el relleno, primero trabajamos unos 20 segundos el azúcar, la sal y los huevos con unas varillas, incorporamos el queso crema y la nata, y mezclamos hasta conseguir una crema fina.

PARA LAS FRESAS DESHIDRATADAS

500 g de fresas
50 g de azúcar

En una placa de horno con papel sulfurizado disponemos las fresas previamente aliñadas con el azúcar en un bol, y las cocinamos en el horno ventilado durante 1 hora a 115 °C.

PARA EL GUISO DE FRAMBUESAS

50 ml de agua
200 g de confitura de frambuesa
250 g de frambuesas naturales

Para el guiso de frambuesas utilizamos un cazo de cocina con el agua y la confitura de frambuesa hasta que quede diluida y entonces guisamos las frambuesas naturales durante 1 minuto.

PARA LA TARTA DE QUESO

molde de masa
relleno de queso
fresas deshidratadas

Encima de la galleta colocamos las fresas deshidratadas separadas unas de las otras, añadimos el relleno hasta el borde de la galleta y cocinamos a 200 °C 20 minutos sin ventilación; luego doramos entre 10 y 15 minutos más con ventilación. Utilizamos el guiso de frambuesas para la guarnición.

Nota: Los tiempos de cocción pueden variar por muchos motivos. Es importante que no quede cruda, pero tampoco cocida. En los últimos minutos de horneado agitaremos levemente el molde: si vemos que se mueve un poco como un flan, eso nos dirá que esta cocida, pero muy jugosa. Ese es el punto que nos interesa.

«SOUFFLÉ» DE LIMÓN CON CHOCOLATE BLANCO *DE DAVID MARSAL*

PARA LA CREMA BASE DE LIMÓN Y VAINILLA

240 g de pulpa de limón (trituramos con el túrmix 4-5 limones pelados sin partes blancas)
30 g de limoncello
1 vaina de vainilla
12 g de almidón de maíz
40 g de azúcar

Infusionamos la pulpa de limón con la vaina de vainilla durante 15 minutos. Añadimos el licor de limoncello, el azúcar, el almidón de maíz y mezclamos bien con la ayuda de unas varillas. Lo volvemos a poner al fuego y, cuando hierva, retiramos y dejamos atemperar.

PARA EL «COULANT» DE LIMÓN

300 g de chocolate blanco
100 g de nata al 35 % de MG
la ralladura de 1 limón

Fundimos el chocolate en el microondas, añadimos la nata y la ralladura de limón. Rellenamos los moldes de semiesfera. Enfriamos y, si es necesario, lo metemos en el abatidor.

PARA LA MASA DEL «SOUFFLÉ»

250 g de la base de limón y vainilla
240 g de clara de huevo
2 g de albúmina
170 g de azúcar
mantequilla pomada para pintar el molde

Montamos un merengue suizo (claras de huevo, azúcar y albúmina). Cuando el merengue esté montado, lo añadimos en tres veces a la crema base de limón y vainilla, ponemos el resultado en una manga pastelera, pintamos el recipiente con mantequilla en pomada dibujando líneas rectas de la base al extremo del recipiente, vertemos la masa del soufflé, introducimos 1,5 esferas de coulant, cubrimos de merengue, alisamos con una espátula y marcamos el borde del recipiente.

ACABADO Y MONTAJE

Horneamos el soufflé durante 10 minutos a 180 °C a horno completo. Al sacarlo del horno podemos espolvorear un poco de azúcar glas.

Nota: En el momento de cocer nuestros soufflés, es importante tener el horno precalentado y no abrirlo por ninguna circunstancia durante los 10 min de cocción. En esta receta hemos utilizado limón, pero podemos usar el cítrico que más nos guste y lo mismo para el núcleo de chocolate que lo acompaña.

DOS RECETAS CATALANAS CLÁSICAS CON PASTA «CHOUX»

LIONESAS RELLENAS DE NATA Y VAINILLA

PARA LA PASTA DE «CHOUX»

250 ml de leche entera
150 g de harina de trigo
50 g de mantequilla
una pizca de sal
4-5 huevos

En un cazo calentamos leche, mantequilla y la pizca de sal. Cuando la mantequilla esté fundida, añadimos la harina de trigo, mezclamos bien con la ayuda de una espátula rígida, bajamos el fuego e incorporamos un huevo, mezclando con la espátula. Repetimos esta misma acción huevo por huevo.

Sabremos que la masa está terminada cuando se forme en el extremo de la espátula el llamado «pico de pato».

A continuación, retiramos del fuego e introducimos la masa en una manga pastelera con boquilla rizada.

Disponemos sobre un silpat unos cuantos puntos de masa de 3 centímetros de diámetro, los horneamos a 200 °C con fuente de calor superior e inferior durante 20 minutos y, tras ese tiempo, los retiramos del horno y los dejamos atemperar.

PARA EL RELLENO

500 ml de nata al 35 % MG
100 g de azúcar
1 vaina de vainilla
azúcar glas

En la montadora, montamos la nata con el azúcar y añadimos las semillas de la vaina de vainilla rascando el interior con el filo de un cuchillo. Una vez montada la metemos en una manga pastelera con boquilla rizada.

ACABADO

Cortamos las lionesas por el centro, las rellenamos con la nata montada avainillada y espolvoreamos por encima azúcar glas.

BUÑUELOS DE VIENTO

PARA LA PASTA

250 ml de leche entera
150 g de harina de trigo
50 g de mantequilla
una pizca de sal
4-5 huevos
1 l de aceite de girasol
azúcar granillo
un chorrito de licor de anís seco

En un cazo calentamos la leche, la mantequilla y una pizca de sal. Cuando la mantequilla esté fundida y hierva el conjunto, añadimos la harina de trigo, mezclamos con la ayuda de una espátula rígida evitando crear grumos, retiramos del fuego e incorporamos un huevo mezclando con la espátula. Repetimos esta misma acción huevo tras huevo. Sabremos que la masa está terminada cuando se nos forme en el extremo de la espátula el llamado «pico de pato».

A continuación, introducimos la masa en una manga pastelera.

Calentamos el aceite de girasol a 180 °C. Echamos pequeñas cantidades de masa (bolitas) y las freímos. A medida que se vayan dorando, se irán girando por sí mismas sin necesidad de manipularlas. Retiramos los buñuelos del aceite y los reservamos sobre papel absorbente.

ACABADO

Pasamos los buñuelos de aire por granillo de azúcar. Cuando estén casi fríos, rociamos con un chorrito de licor de anís seco.

LA CREMA CATALANA QUEMADA *DE ORIOL CASTRO*

80 g de yemas de huevo de corral
400 ml de leche fresca de vaca
100 ml de nata fresca de vaca
75 g de azúcar
18 g de almidón de trigo
la piel de 5 limones (sin el albedo)
2 g de piel de naranja (sin el albedo)
2 g de canela en rama
1,5 g de vaina de vainilla
10 semillas de anís verde

Comenzamos introduciendo en una olla la leche y la nata con las cortezas de limón y naranja, la canela, la vaina de vainilla raspada y las semillas de anís. Le damos un hervor al conjunto y lo dejamos infusionar tapado unos 45 minutos a temperatura ambiente.

Seguimos cascando los huevos y separando la yema de las claras, que podéis aprovechar para otras preparaciones.

Aparte, en un bol, mezclamos removiendo bien el azúcar y el almidón, añadimos las yemas batidas y unimos todo con unas varillas.

Calentamos de nuevo la infusión y cuando rompa a hervir la vertemos a la mezcla de yemas, azúcar y maicena. Removemos a fuego medio y sin parar con una varilla para que no se pegue hasta que la mezcla alcance los 80 °C. A continuación, pasamos la mezcla por un chino o colador grueso y la volcamos en unas cazuelitas individuales.

Dejamos enfriar sin tapar y espolvoreamos azúcar en las cazuelitas de crema. Antes de servir, lo requemamos con un soplete de cocina o hierro para quemar hasta que el azúcar se caramelice.

Servimos la crema sin pasar por la nevera para que no pierda textura ni sabor.

Nota: En los grandes restaurantes creativos, no solo se busca la perfección en las recetas creativas, también la perfección en las recetas tradicionales. De ahí que incorporemos a este recetario esta versión de la crema catalana, pues mi amigo Oriol me comentaba que la estuvieron probando repetidamente en el taller de creatividad de El Bulli hasta que lograron lo que para ellos es, sin lugar a dudas, ¡la crema catalana perfecta!

COCINA en CASA con JORDI CRUZ

RECETARIO BÁSICO

RECETARIO BÁSICO

RECETARIO BÁSICO

RECETARIO BÁSICO

RECETARIO BÁSICO

RECETARIO BÁSICO

INFUSIÓN DE VERDURAS

Limpiamos, pelamos todas las verduras y las cortamos toscamente. Juntamos todos los ingredientes en una cazuela y los llevamos a ebullición. Situamos la cazuela al lado de la plancha y dejamos que infusione 1 hora y 30 minutos a suaves borbotones, a unos 95 °C aproximadamente. Filtramos sin presionar demasiado.

5 l de agua
3 blancos de puerro
4 cebolletas
3 zanahorias medianas
1 ramita de apio
150 g de apionabo
2 chirivías medianas
100 g de hojas de col
1 dl de soja blanca o salsa de verduras fermentadas
sal
un hilo de aceite de oliva

CALDO DE AVE Y CARNE

Limpiamos y cortamos todas las carnes y huesos en trozos regulares. Los introducimos durante 5 minutos en agua helada para desangrarlos. Pulimos todas las verduras y las cortamos en mirepoix. Juntamos carnes, verduras y garbanzos dentro de una olla con el agua y lo cocemos un mínimo de 2-3 horas a fuego muy suave.

1 gallina
1 kg de recortes y huesos de carne
1 pollo
1 ramita de apio
75 g de hojas de col
2 zanahorias peladas
75 g de nabo fresco pelado
100 g de patata pelada
2 blancos de puerro
2 cebollas medianas
1 cebolleta
200 g de garbanzos crudos
6 u 8 l de agua
sal

CALDO DE GALLINA ASADA

Limpiamos las gallinas vaciándolas perfectamente y retirando el exceso de grasa. Las cortamos en pedazos regulares y las desangramos en agua muy fría durante 5 minutos. Colocamos las carnes de gallina en una fuente amplia para asar. Las cocemos a 180 °C hasta que las carnes queden bien asadas. Hacemos una bresa con las verduras peladas y las salteamos en una sartén con aceite hasta que tomen color. Cuando las carnes estén bien tostadas, añadimos las verduras salteadas y cocemos unos minutos más. Desglasamos la fuente con los licores y rectificamos. Pasamos el conjunto a una olla con el agua. Cocemos unas 3 horas a fuego moderado y lo filtramos por un chino.

2 gallinas de buen tamaño
3 dl de vino de Oporto
2 dl de coñac o brandi
2 cebolletas
1 cebolla
1 ramita de apio
1 blanco de puerro
1 cabeza de ajo morado
1 hoja de laurel
1 ramita de tomillo
sal
pimienta
aceite
agua

CALDO DE PORRUSALDA

4-5 l de agua
3 blancos de puerro
3 patatas medianas
4 cebolletas
3 zanahorias medianas
sal
un hilo de aceite de oliva (D. O. Jaén)

Limpiamos y pelamos todas las verduras y las cortamos en mirepoix, menos las patatas, que dejamos enteras. Juntamos todos los ingredientes en una cazuela y los hacemos hervir. Situamos la cazuela al lado de la plancha y dejamos que infusione unas 2 horas a 95 °C aproximadamente. Filtramos sin presionar demasiado.

COMPOTA DE MANZANA NEUTRA

6 manzanas golden
100 g de mantequilla
5 dl de sidra natural

Descorazonamos las manzanas y las horneamos junto con la mantequilla y la sidra a 180 °C hasta que estén cocidas. Trituramos el conjunto con la Thermomix. Podemos ajustar de sal o azúcar según su aplicación.

CREMA DE «FOIE» ASADO

150 g de foie fresco
50 g de pulpa de patata escalibada
2 dl de consomé de ave y carne
50 g de raíz de mandioca texturizada (micri)
sal
pimienta blanca

Colocamos el consomé, las patatas en dados y el micri en un cazo. Lo hacemos hervir. Aliñamos el foie cortado en dados de 1 centímetro y los asamos en una sartén bien caliente, lo justo para que quede tostado, no más de 1 minuto. Pasamos el foie asado al cazo y lo trituramos rápidamente hasta que quede una crema fina. Rectificamos y reservamos. Corregimos la densidad, si fuera necesario, con un poco de consomé.

CREMA DE PATATA A LA MANTEQUILLA

2 patatas medianas
100 g mantequilla en flor
3 dl de leche
una pizca de nuez moscada (opcional)
sal
pimienta blanca

Aliñamos las patatas con unas gotas de aceite y las cubrimos con papel de aluminio. Las cocinamos a horno moderado hasta que estén hechas. Las dejamos enfriar y las pelamos. Para estas cantidades necesitamos 150 gramos de patata cocinada. Mezclamos la pulpa con la leche y lo hervimos. Trituramos, añadiendo la mantequilla, y rectificamos de sal y pimienta.

JUGO DE CAZA MAYOR O MENOR

2 kg de recortes y huesos de caza mayor o menor
6-8 l de agua
2 zanahorias medianas
2 cebolletas
1 cebolla
1 blanco de puerro
1 ramita pequeña de apio
1 cabeza de ajo
1 dl de coñac, brandi o armañac
2 dl de vino tinto reserva
1 ramillete de aromáticos
sal
pimienta
aceite
una nuez de mantequilla (opcional)

Colocamos los huesos y recortes de carne en una fuente de horno, con espacio entre ellos. Asamos con un poco de aceite hasta que queden bien tostadas. Limpiamos y pelamos todas las verduras, las cortamos menudas y las rehogamos con un poco de aceite hasta que adquieran un ligero tono dorado. Añadimos las verduras y aromáticos a las carnes tostadas y cocemos el conjunto 5 minutos más.

Desglasamos la bandeja con los licores y pasamos a una olla con el agua. Cocemos de 3 a 4 horas a fuego suave y pasamos por un colador fino. Si utilizamos este jugo como salsa o base para una receta, lo reducimos con una nuez de mantequilla hasta conseguir la textura deseada.

JUGO DE CERDO ASADO

1 espinazo de cerdo
500 g de recortes de cerdo con muy poca grasa
6-8 l de agua
2 zanahorias medianas
2 cebolletas
1 cebolla
1 blanco de puerro
1 ramita pequeña de apio
1 cabeza de ajo
2 dl de vino de Oporto
1 dl de coñac o brandi
sal
pimienta
aceite
una nuez de mantequilla (opcional)

Cortamos el espinazo por la junta de los huesos, desangramos los huesos y recortes de carne durante 5 minutos en agua helada. Escurrimos las carnes perfectamente y las colocamos en una fuente sin que estén muy juntas entre sí. Las asamos con un poco de aceite hasta que estén bien tostadas.

Limpiamos y pelamos todas las verduras, las cortamos menudas y las rehogamos con un poco de aceite hasta que tomen un ligero tono dorado. Agregamos las verduras y las hierbas aromáticas y cocemos el conjunto 5 minutos más. Desglasamos la fuente con los licores y ponemos su contenido en una olla con el agua. Cocemos de 3 a 4 horas a fuego suave y lo pasamos por un colador fino. Si utilizamos este jugo como salsa o base para una receta, lo reducimos con una nuez de mantequilla hasta conseguir la textura deseada.

FUMET DE PESCADO BASE

1 kg de espinas y recortes de pescado merluza, rape, cintas, etc.
1,2 l de agua mineral
1 hoja de laurel
2 ajos
½ blanco de puerro
1 ramita de apio
2 cebolletas
3 cucharadas soperas de aceite de oliva (picual, D. O. Jaén)
1 dl de vino blanco
perejil
sal

Hacemos una bresa con todas las verduras limpias y las hervimos con los aromáticos. Lo cocemos 5 minutos y añadimos los recortes y espinas de pescado. Lo volvemos a cocer a fuego lento durante 15-20 minutos. Lo sacamos del fuego y vertemos el vino blanco y el aceite. Dejamos enfriar el conjunto para que macere un mínimo de 15 minutos más y lo filtramos por un chino fino.

ACEITE DE TRUFA

50 g de trufa negra rallada (*Tuber melanosporum*)
1 dl de aceite de trufa negra
3 dl de aceite de oliva arbequina
sal

Juntamos todos los ingredientes y los trabajamos con el túrmix hasta que la trufa quede bien pequeña pero entera. Utilizamos solamente aceite de trufa, pero su sabor puede destacar demasiado en nuestras recetas.

PARA LA CREMA DE PESTO

80 ml de aceite arbequina
80 ml de aceite de girasol
30 g de piñones tostados
½ diente de ajo
65 g de hojas de albahaca
30 g de parmesano
25 ml de agua mineral
1 g de xantana
sal

Escaldamos las hojas de albahaca y el ajo cortado en láminas en agua hirviendo unos segundos y los enfriamos en agua helada. Escurrimos toda el agua posible al escaldado con la ayuda de un colador y lo juntamos en un vaso de túrmix con el resto de ingredientes, menos los aceites. Trabajamos con el túrmix hasta formar una pasta y añadimos el aceite para montarlo junto con la pasta como si de una mahonesa se tratara. Lo reservamos en un biberón o manga con boquilla de 2 milímetros.

CALDO DE ESCALIBADA

3 berenjenas
3 pimientos rojos
6 cebollas de Figueres
1 cucharada sopera de sal

En primer lugar, tostamos las hortalizas en una parrilla a una distancia corta de las brasas hasta que estén doradas por fuera pero no quemadas. Introducimos todos los ingredientes en una fuente de horno con altura, tapamos concienzudamente con papel trasparente de cocina para evitar fugas de humedad y lo cocinamos en el horno con calor seco durante 5 horas a 115 °C.

Una vez cocinadas las verduras, recuperamos el agua que han soltado; a continuación, las presionamos delicadamente en un colador de malla fina para aprovechar todos sus jugos. Reducimos a la mitad los jugos en un cazo amplio y lo sazonamos. Reservamos en frío hasta el montaje del plato.

PARA LAS HOJAS DE COL RIZADA CRUJIENTE

300 g de col rizada kale
50 ml de aceite de oliva arbequina de calidad
sal fina

Lavamos en agua fría las hojas para retirar toda el agua y las secamos bien con papel de cocina. Quitamos los tallos y cortamos las hojas en segmentos regulares de 10 por 6 centímetros, dando prioridad a las partes rizadas y desechando las partes centrales de las hojas grandes, que son más fibrosas. Colocamos las hojas en un bol y las aliñamos con el aceite y la sal justa. Trabajamos con cuidado procurando que toda la hoja quede impregnada de aceite. Disponemos las hojas lo más planas posible en una fuente de horno y horneamos a 100 °C con ventilación durante 10 minutos. Terminada la cocción, damos la vuelta a las hojas y cocinamos unos minutos más hasta que estén bien crujientes sin perder su color natural. Las hojas que no queden perfectas las rompemos en segmentos más pequeños para decorar las más grandes.

«CALÇOTS» O PUERROS JÓVENES

8 calçots de tamaño medio y regular o puerros jóvenes
sal
pimienta
aceite de oliva arbequina

Ponemos los calçots a quemar directamente en la llama de madera tipo sarmiento de vid. Una vez quemados, los apartamos, los envolvemos en papel de periódico y los dejamos enfriar. Cuando estén fríos, los pelamos, los envasamos al vacío con un poco de aceite de oliva y los cocemos a 85 °C durante 25 minutos. Podemos realizar esta operación sin vacío, pero para nosotros esta es la mejor cocción tanto por textura como para guardarlos antes de utilizarlos.

Por último, los cortamos en trozos de 4 centímetros aproximadamente, los aliñamos con un buen aceite de arbequina y los atemperamos con un golpe de calor en salamandra o al horno para que justo antes de emplatar recuperen temperatura sin cocinarse más.

La estacionalidad de la cebolla tierna llamada «calçot» no es muy larga y no siempre es fácil conseguirla, por lo que también podemos realizar esta receta con puerro joven y obtener resultados fantásticos.

PARA EL HELADO DE ROMESCO

65 g de avellanas
65 g de almendras
725 g de tomate
1 cebolla de Figueres de tamaño medio
25 g de ajo
25 g de ñoras
50 g de mezcla para helados o estabilizante clásico
10 ml de vinagre de Jerez
vinagre de módena al gusto
30 g de mantequilla en flor
25 ml de aceite de avellana tostada
1 cucharada sopera de aceite de oliva arbequina
sal
pimienta negra
aceite de oliva

Remojamos la ñora con un poco de agua. Cocemos al horno (escalibamos) todas las verduras a 180 °C hasta que estén algo asadas, cocidas y hayan perdido gran parte de su agua vegetativa. Los tomates los asamos directamente con sal y un chorrito de aceite, las cebollas asimismo aliñadas, pero cubiertas en papel de aluminio. Cocemos los ajos igual que las cebollas, pero con mantequilla en vez de aceite y pelados.

Cocinadas todas las verduras, las pelamos si es necesario y las pasamos por un robot de cocina hasta formar una pasta fina.

Por otro lado, tostamos los frutos secos y hacemos un praliné junto con el aceite de avellanas. Dejamos enfriar el puré de verdura y el praliné. Trituramos la pasta de verduras y el praliné con un túrmix hasta que quede bien fino y emulsionamos con aceite de oliva hasta conseguir la textura deseada. Rectificamos de sal y pimienta y agregamos aceite de avellanas tostadas y vinagre de Jerez y de Módena al gusto.

Incorporamos la mezcla para helados o estabilizante y, una vez reposada, si es necesario, la pasamos por la heladera.

TOMATES DESECADOS

1 kg de tomate cherri Divino
60 ml de aceite de oliva arbequina
4 g de sal
2 g de azúcar
0,5 g de pimienta negra recién molida

Escaldamos los tomates 10 segundos en agua hirviendo y los enfriamos rápidamente en un baño de agua helada. Los pelamos con la ayuda de una puntilla y los colocamos en un bol amplio. Añadimos el resto de los ingredientes y mezclamos con mucho cuidado de no romper o dañar los tomates. Colocamos los tomates en una fuente de horno procurando que no se toquen entre sí. Introducimos la fuente en el horno precalentado a 115 °C sin humedad y lo dejamos cocer 35 minutos. Terminada la cocción, sacamos la fuente del horno y damos la vuelta con mucho cuidado a los tomates. Damos 40 minutos más de cocción hasta que los tomates estén pasificados, muy sabrosos, exteriormente secos, pero muy jugosos en el interior. Los reservamos en un recipiente hermético aliñados con un buen aceite de oliva y los servimos ligeramente tibios.

SALMOREJO

800 g de tomate maduro en rama
200 g de tomate cherri
250 ml de aceite de oliva extra virgen
½ diente de ajo
40 g de pimiento verde
8 g de vinagre de Jerez de 25 años
100 g de miga de pan sin corteza
9 g de sal

Limpiamos y troceamos todas las verduras en trozos regulares, retiramos el germen al ajo y juntamos todos los ingredientes en un robot de cocina, menos el aceite. Trituramos a velocidad máxima hasta obtener una pasta delicada y la pasamos por un colador fino. Colocamos el puré en un recipiente de túrmix y trabajamos a velocidad media añadiendo el aceite poco a poco. Reservamos el salmorejo en un recipiente hermético.

SAL DE VAINILLA, CAFÉ Y CHILE

100 g de escamas de sal
1 vaina de vainilla
4 g de café molido de calidad
una pizca de chile en polvo o pimienta de Espelette

Abrimos la vaina de vainilla por la mitad y retiramos las semillas de la vainilla con la ayuda de un cuchillo. Ponemos las semillas y la vaina en un tarro de cristal y metemos también la sal en escamas, el café y el chile en polvo. Cerramos el tarro y le damos un par de suaves vueltas completas. La sal no se tiene que trabajar porque se rompería. Las semillas se irán incorporando y repartiendo solas y la sal mejorará al pasar los días.

BASE DE ORLY

300 ml de agua con gas muy fría
150 g de harina de fuerza
1 cucharada sopera de sal

Introducimos todos los ingredientes en un bol y batimos con una varilla hasta obtener una masa uniforme.

ACEITE DE ESPELETTE

1 dl de aceite arbequina
1 g de pimiento de Espelette en polvo

Mezclamos el aceite y el polvo de Espelette y lo trabajamos con un túrmix para que se integre bien. Reservamos.

CONSOMÉ DE CEBOLLA

15 cebollas de Figueres
50 ml de agua mineral
aceite de oliva arbequina
sal

Pelamos las cebollas y les hacemos un corte hasta la mitad en forma de cruz. Pincelamos con un poco de aceite el lado sin corte de las cebollas, las tostamos ligeramente en una parrilla de carbón de encina y las introducimos en una fuente donde estén justas. Añadimos el agua y envolvemos totalmente la bandeja con papel transparente para no perder humedad. Hacemos un par de pequeños agujeros para evitar que se forme presión en la fuente e introducimos en el horno con el cien por cien de humedad a 115 °C durante 6 horas. Terminada la cocción, filtramos y presionamos las cebollas con una estameña para sacarles el máximo jugo. Este tiene que ser nítido, limpio y con un intenso sabor a cebolla.

CREMA DE PARMESANO

5 dl de agua mineral
500 g de queso parmesano
60 g de queso mascarpone

Rallamos el queso muy fino y lo incorporamos al agua hirviendo. Lo dejamos infusionar tapado durante 30 minutos y lo colamos, añadimos el queso mascarpone y enfriamos la mezcla en la nevera.

SUERO DE PARMESANO

100 g de parmesano picado muy fino
1,5 dl de agua mineral

Ponemos el agua a hervir y añadimos el parmesano. Lo apartamos del fuego y lo dejamos infusionar unos 15 minutos. Colamos y reservamos la infusión. Desechamos la parte grasa y gomosa del parmesano.

ACEITE DE CITRONELA

3 dl de aceite de girasol
4 raíces de citronela
sal

Envasamos al vacío las raíces de citronela cortadas en juliana fina con la sal y el aceite. Escaldamos la bolsa y la enfriamos con agua helada. Cocemos la bolsa al vapor a 90 °C durante 12 horas. Terminada la cocción, la reservamos en la nevera hasta su uso. Antes de utilizar el aceite, abrimos la bolsa y pasamos el contenido por un colador muy fino.

ALIOLI DE CITRONELA

1 yema de huevo
250 ml de aceite de citronela (elaboración anterior)
1 diente de ajo
una pizca de sal
una pizca de citronela

Retiramos el germen al ajo y lo trabajamos en un mortero con un poco de sal, introducimos la yema y seguimos mezclando con suaves movimientos circulares. Empezamos a echar pequeñas cantidades de aceite y, a medida que se vaya emulsionando, añadimos un poco más a hilo fino. Al final tenemos que obtener una emulsión dura con un suave y delicado sabor a ajo y a citronela.

YOGUR GRIEGO CURADO

200 g de yogur griego
3 g de sal

Mezclamos los ingredientes y los colocamos en un colador con paño para queso. Lo dejamos curar en la nevera durante 12 horas. Terminada la curación, damos un golpe de túrmix para obtener una textura de crema fina. Si queda demasiado cuajado, añadimos unas gotas del propio suero soltado durante la curación.

PARA LA CREMA DE BERENJENAS

1 kg de berenjenas
20 g de mantequilla
7 g de sal
60 ml de aceite arbequina
1 g de xantana
hojas verdes de pino (opcional)

Cortamos las berenjenas y las sumergimos en agua ligeramente salada para purgarlas. Las asamos en el horno Merrychef durante 6 minutos a 225 °C de temperatura con función de viento y microondas, o las podemos a asar a la parrilla por la parte de la piel hasta que esté bien tostada y la carne cocinada.

Sacamos las berenjenas y, si las hemos cocinado en el Merrychef, las ahumamos en la brasa añadiendo hojas verdes de pino a las ascuas. Sacamos la pulpa de las berenjenas, la ponemos en un robot de cocina junto con el resto de los ingredientes (sal, aceite, mantequilla y xantana) y lo trituramos todo a velocidad alta hasta obtener un puré fino y emulsionado. Reservamos en un biberón para salsas.

FONDO DE SALSA DE TERNERA

3 l de agua mineral
1 kg de retales de carne y cartílagos de ternera
1 zanahoria
½ blanco de puerro
4 ajos
½ ramita de apio
2 cebollas tiernas
1 dl de vino tinto
1 dl de vino de Oporto
50 g de mantequilla
sal
pimienta
aceite

Tostamos los retales de ternera al horno a 185 °C durante 30 minutos o hasta que el conjunto esté bien tostado y dorado. Cortamos todas las verduras en dados regulares, no muy grandes, y las pochamos a fuego medio-alto con un poco de aceite hasta que estén bien doradas. Añadimos los vinos y reducimos.

En una olla amplia, disponemos todos los ingredientes, los cubrimos de agua y los cocemos a fuego muy suave durante 5 horas. Después, lo colamos y filtramos hasta obtener un fondo de ternera oscuro y limpio que reducimos con la mantequilla dando como resultado una textura untuosa. Dejamos enfriar la salsa.

SALSA DE PATO

1 kg de carcasas y huesos de pato
1 zanahoria
2 cebolletas
1 blanco de puerro
1 ramita de apio
1 diente de ajo
1 dl de vino de Oporto
1 dl de coñac o brandi
3 l de agua
50 g de mantequilla

Asamos los huesos y las carcasas en el horno hasta que estén bien tostados. Cortamos las verduras bien limpias en dados. Cuando los huesos tomen un bonito color, añadimos las verduras y dejamos cocer hasta que todo el conjunto quede bien asado. Desglasamos en la misma fuente con los licores y lo ponemos todo en una cazuela. Mojamos con el agua y lo dejamos cocer a fuego moderado durante 3 o 4 horas. Lo pasamos por un colador fino y reducimos el jugo con la mantequilla hasta que tenga una ligera textura, pero de intenso sabor.

PURÉ DE CALABAZA

1 calabaza violín de 800 g aprox.
80 g de mantequilla
50 ml de agua
0,5 g de xantana
1 cucharada sopera de sal
1 cucharada sopera de pimienta negra

Pelamos la calabaza y la cortamos en dados de un par de centímetros. Los extendemos en una fuente de horno con el resto de los ingredientes. Tapamos con papel de aluminio y los cocemos a 180 °C durante un par de horas aproximadamente. Los trituramos en un robot de cocina hasta obtener una crema muy untuosa.

ACEITE DE VAINILLA

50 ml de aceite de girasol
1 dl de aceite de oliva
1 vaina de vainilla

Obtenemos la pulpa de la vaina abriéndola por la mitad y raspando su interior con la ayuda de un cuchillo afilado. Introducimos las semillas y la vaina en una bolsa de vacío junto con los aceites y las cocemos a 90 °C en horno al vapor durante 1 hora.

SALSA DE CAZA

1,5 kg de huesos y recortes de carnes de caza
1 zanahoria
2 cebolletas
4 escaloñas
1 blanco de puerro
1 ramita de apio
2 dientes de ajo
1 dl de vino de Oporto
1 dl de coñac o brandi
4 l de agua
80 g de mantequilla

Asamos los huesos y los recortes al horno hasta que estén bien tostados. Cortamos las verduras limpias en dados. Cuando todo adquiera un agradable color tostado, añadimos las verduras y lo dejamos cocer hasta que el conjunto quede bien asado. Desglasamos en la misma fuente con los licores y lo ponemos todo en una cazuela. Mojamos con el agua y lo dejamos cocer a fuego moderado durante 6 o 7 horas. Lo pasamos por un colador fino y reducimos el jugo con la mantequilla hasta que tenga una textura densa y untuosa.

ROMESCO DE REMOLACHA

65 g de almendras tostadas
65 g de avellanas tostadas
500 g de tomate
725 g de remolachas
1 cebolla
25 g de pasta de ñora
25 g de ajos
100 g de mantequilla
65 ml de vinagre de Jerez
3,5 ml de aceite de oliva arbequina
sal
pimienta negra

Pelamos las remolachas, los ajos y la cebolla. Cortamos la cebolla y las remolachas en cuartos. Colocamos todas las verduras en una fuente con la mantequilla y las asamos a 180 °C hasta que estén cocinadas y ligeramente doradas. Retiramos las pieles asadas a los tomates y trituramos todas las verduras asadas con la pasta de ñora y los frutos secos hasta obtener una pasta fina. Le añadimos el vinagre y el aceite y seguimos emulsionando con un túrmix. Rectificamos de sal y pimienta. Reservamos.

CUAJADA DE LECHE DE OVEJA

300 g de leche fresca de oveja ecológica
8 gotas de cuajo vegetal

Calentamos la leche a 55 °C, mezclamos y dejamos cuajar la leche *à la minute*, con el cuajo vegetal.

SALSA DE PICHÓN

Asamos los recortes, los huesos y las carcasas de pichón en una cazuela hasta que tomen una tonalidad tostada. Añadimos las verduras limpias y cortadas en tamaños regulares; primero los ajos, las zanahorias y las cebollas. Cuando las verduras estén doradas, añadimos el puerro, el apio y el bulbo de hinojo. Dejamos cocer a fuego vivo y terminamos añadiendo el tomate. Una vez asadas las verduras, desglasamos con los licores y mojamos hasta cubrir bien con el agua. Lo cocemos a fuego suave un par de horas mínimo. Terminada la cocción, filtramos el jugo y lo reducimos con un poco de mantequilla hasta obtener una salsa potente y untuosa. Rectificamos de sal y pimienta.

huesos, carcasas y recortes de pichón
1 cebolleta
2 escaloñas
1 ajo
1 zanahoria
1 tomate maduro
1 blanco de puerro
½ ramita de apio
¼ de bulbo de hinojo
1 dl de armañac
1 dl de vino de Oporto
1,5 l de agua mineral
50 g de mantequilla
sal
pimienta

ESCABECHE BASE

Colocamos el licuado de zanahoria en una cazuela amplia y lo dejamos reducir a fuego fuerte hasta obtener 5 decilitros de jugo. Mientras reduce el jugo, calentamos el aceite de oliva en un cazo y añadimos el ajo, la cebolla, la pimienta, el tomillo y el laurel. Pochamos a fuego medio y, cuando adquiera un tono dorado, desglasamos con el vinagre. Reducimos el vinagre y lo vertemos en la cazuela con el jugo de zanahorias concentrado. Cocemos el conjunto un par de minutos y ligamos con la mantequilla. Pasamos la salsa de escabeche por un colador y texturizamos con la xantana y la ayuda de un túrmix hasta conseguir una salsa de textura sedosa. Filtramos de nuevo y reservamos.

120 ml de aceite de oliva
20 g de vinagre de Jerez
25 ml de aceite de oliva
10 g de ajo brunoise
25 g de cebolla brunoise
5 unidades de pimienta negra
0, 7 g de tomillo
1 g de laurel
licuado de zanahoria
50 g de mantequilla
1 g de xantana

ROMESCO DE ZANAHORIAS

500 g de zanahorias asadas
200 g de cebolla de Figueres asada
750 g de tomates maduros asados
25 g de ajo asado
300 ml de aceite de oliva
60 g de vinagre de Jerez
10 g de sal
65 g de avellanas tostadas
65 g de almendras tostadas
20 g de pasta de ñora
250 ml de licuado de zanahorias filtrado
50 g de mantequilla

Cocinamos las verduras indicadas en el horno a 180 °C hasta que estén bien asadas, pero también jugosas. Asamos las zanahorias y los ajos con algo de mantequilla. El resto de las verduras las metemos con aceite de oliva, un poco de sal y pimienta. Terminado el asado, pelamos las verduras que lo requieran y pesamos las cantidades indicadas en la receta.

Reducimos el licuado de zanahorias con la mantequilla en un cazo hasta obtener una reducción y un peso final de 85-90 gramos.

Colocamos los frutos secos en un robot de cocina y los trituramos a máxima velocidad hasta obtener una pasta fina, a la que agregamos el resto de los ingredientes y elaboraciones, menos el aceite, y trituramos a máxima velocidad durante 5 minutos. Al final, bajamos la velocidad a la mitad y añadimos un hilo de aceite. Rectificamos de sal y pimienta. Lo reservamos en la nevera hasta el día siguiente.

BASE PARA ENCURTIDOS

7 dl de vinagre de arroz
140 g de azúcar
3 g de sal fina
verduras al gusto para encurtir

Mezclamos todos los ingredientes y los calentamos ligeramente para que se disuelvan el azúcar y la sal. Conservamos en frío.

Cortamos las verduras que vamos a encurtir en el tamaño deseado, las escaldamos si fuera necesario y las envasamos al vacío con la base para encurtidos. Las dejamos reposar hasta el momento de su uso un mínimo de 12 horas.

SALSA DE CERDO

2 kg de espinazo de cerdo
1 kg de recortes de cerdo
2 pies de cerdo
500 g de cebolla
1 blanco de puerro
3 zanahorias
4 tomates maduros
1 rama de apio
50 g de ajo
2 dl de vino tinto
2 dl de coñac
mantequilla en flor
6-8 l de agua
sal
pimienta

Asamos el espinazo, los recortes y pies de cerdo cortados en trozos en una cazuela hasta que tomen un bonito color tostado. Añadimos las verduras limpias y cortadas en tamaños regulares; primero los ajos, las zanahorias y las cebollas. Cuando las verduras estén doradas, añadimos el puerro y el apio. Lo dejamos cocer a fuego vivo y terminamos incorporando los tomates.

Una vez asadas las verduras, desglasamos con los licores y mojamos hasta cubrir bien con el agua. Cocemos a fuego suave de 4 a 5 horas. Terminada la cocción, filtramos el jugo y lo reducimos con un poco de mantequilla hasta obtener una salsa potente y untuosa. Rectificamos de sal y pimienta.

SALSA DE VINAGRE BALSÁMICO REDUCIDO

500 ml de vinagre balsámico

Colocamos el vinagre en una bandeja de horno amplia y limpia. Lo ponemos a temperatura ambiente o encima de una estufa sin que llegue a calentarse a más de 30 °C. Transcurridas unas horas, el vinagre evaporará su contenido de agua y se concentrará en una reducción densa. Dejamos que se concentre hasta que tenga una textura cremosa.

MIGAS DE PAN A LA MANTEQUILLA

200 g de pan blanco precocido y congelado
100 g de mantequilla fresca
sal
pimienta

Trituramos el pan congelado y cortado en dados en un robot de cocina hasta obtener migas de pan. En una sartén, juntamos las migas con la mantequilla y lo dejamos cocer a temperatura media, hasta dorar perfectamente las migas de pan. Rectificamos de sal y pimienta y lo pasamos por un colador y, después, por papel absorbente con la intención de retirar toda la grasa sobrante. Lo dejamos enfriar y reservamos en un recipiente hermético.

ALIOLI

1 yema de huevo
250 ml de aceite
1 ajo
una pizca de sal

Retiramos el germen al ajo y lo trabajamos en un mortero con un poco de sal, le añadimos la yema y seguimos mezclando con suaves movimientos circulares. Empezamos a echar pequeñas cantidades de aceite y, a medida que vaya emulsionando, le agregamos un poco más a hilo fino. Al final tenemos que obtener una emulsión dura con suave y delicado sabor a ajo.

ACEITE DE AVELLANAS Y ALMENDRAS TOSTADAS CON AJO CONFITADO

20 ajos morados
100 g de mantequilla
500 ml de aceite de avellana tostada
500 ml de aceite de almendra tostada
una pizca de sal

Colocamos los ajos en una fuente de asar con la mantequilla en láminas finas cubriendo los ajos. Asamos en el horno a 160 °C hasta que estén ligeramente dorados y confitados, entre 25 y 35 minutos.

Envasamos los ajos con los aceites y una pizca de sal en una bolsa de vacío. Lo dejamos infusionar fuera de la nevera un mínimo de 2 días para impregnar los aceites de frutos secos con el aroma del ajo confitado. Antes de utilizarlo, pasamos el aceite por un colador fino.

CREMA DE AJO COMPOTADO

8 cabezas de ajos morados
100 g de mantequilla
50 ml de agua o caldo de pollo
una pizca de sal

Quitamos la primera capa de piel a las cabezas de ajos y hacemos un corte en la parte superior, a 1 centímetro partiendo de la zona más alta. Colocamos los ajos en una fuente de asar con el corte hacia arriba.

Cortamos la mantequilla en láminas finas y cubrimos los ajos y los asamos al horno a 160 °C durante 25 minutos. Les damos la vuelta con el fin de que absorban la mantequilla y se asen por dentro. Seguimos cociendo hasta que estén hechos, entre unos 25 y 30 minutos más.

Terminada la cocción, presionamos las cabezas en caliente para extraer la pulpa guisada y la trituramos con el caldo y una pizca de sal. El porcentaje de caldo puede variar según la densidad deseada para cada receta. Trabajamos hasta obtener una crema fina y lo pasamos por un colador si fuera necesario.

CREMA DE AJO COMPOTADO A LA VAINILLA

6 cabezas de ajos morados
100 g de mantequilla
50 ml de agua
2 vainas de vainilla Bourbon
una pizca de sal

Quitamos la primera capa de piel a las cabezas de ajos y hacemos un corte en la parte superior, a 1 centímetro partiendo de la zona más alta. Colocamos los ajos en una fuente de asar con el corte hacia arriba.

Cortamos la mantequilla en láminas finas y cubrimos los ajos. Los asamos al horno a 160 °C durante 25 minutos.

Mientras se cocinan los ajos, abrimos las vainas de vainilla con la ayuda de un pequeño cuchillo afilado y raspamos el interior para retirar las semillas. Damos la vuelta a los ajos, repartimos las semillas de vainilla por encima y colocamos las vainas raspadas en el fondo de la fuente para aromatizar la mantequilla de asar. Seguimos cociendo las cabezas 25 minutos más.

Sacamos los ajos del horno y presionamos las cabezas en caliente para extraer la pulpa guisada y la trituramos junto con el agua, la mantequilla del fondo de la fuente colada y una pizca de sal. El porcentaje de caldo puede variar según la densidad deseada para cada receta. Trabajamos hasta obtener una crema fina y la pasamos por un colador si fuera necesario.

«TSUKUDANI»

300 g de shitake seco
1 kg de alga kombu
2 kg de shitake fresco
200 g de sake
50 g de glucosa
1,5 l de salsa de soja baja en sal
500 ml de mirin
2 raíces de citronela
80 g de jengibre picado
100 g de azúcar
2 g de xantana

Remojamos en agua fría el shitake seco 1 hora hasta que se hidrate. Hidratamos, también, el alga kombu en agua fría durante 1 hora y la picamos en dados regulares de 1,5 centímetros; picamos también el shitake fresco en tiras de 1 centímetro.

Juntamos todos los ingredientes en una cazuela amplia y cocemos hasta que reduzca y casi no tengamos caldo en el fondo de la cazuela.

Pasamos el guiso de setas y algas a un tapete para deshidratar y secamos a 55 °C hasta que esté totalmente seco. Reservamos en un recipiente hermético y seco.

PARA LA SALSA DE TERNERA CONCENTRADA

2,5 kg de rodilla
2,5 kg de retales
1 pie de ternera
500 ml de vino tinto de calidad
10 l de agua mineral
600 g de cebolla
450 g de puerro
250 g de zanahoria
225 g tomate maduro
125 g de apio
100 g de champiñones
100 g de nabo
100 g de hinojo
75 g de ajo
200 g de mantequilla de calidad
sal
pimienta
aceite

Colocamos la rodilla de ternera, los retales y el pie cortado en trozos en una fuente de asar, aliñamos con un poco de aceite y tostamos a 180 °C hasta que todo el conjunto adquiera un bonito tono tostado.

Limpiamos, pelamos y picamos toscamente las verduras y las pesamos según indica la receta. Asamos todas las verduras, menos el tomate, en una cazuela amplia con un poco de aceite hasta que estén doradas y reducimos a la mitad.

Juntamos las carnes asadas, las verduras, el vino reducido y los tomates cortados en cuartos en una cazuela y mojamos con el agua. Lo cocemos a fuego suave un mínimo de 6 horas. Terminada la cocción, colamos el caldo resultante y lo reducimos en un rondón con la mantequilla hasta obtener una salsa densa, brillante y muy sabrosa.

PARA LAS ESCAMAS DE SAL A LA VAINILLA

300 g de escamas de sal
2 vainas de vainilla

Abrimos las vainas de vainilla con la ayuda de un pequeño cuchillo afilado y raspamos el interior para retirar las semillas. Colocamos las semillas y las vainas raspadas en un tarro hermético con la sal en escamas, cerramos el bote y lo dejamos reposar un mínimo de 5 días en un lugar fresco y seco. Cada día damos un par de suaves vueltas al tarro para repartir las semillas. Poco a poco, los cristales se impregnarán del sabor y el color de la vainilla.

PARA NUESTRO ROMESCO

65 g de avellanas
65 g de almendras
725 g de tomate
1 cebolla de Figueres de tamaño medio
25 g de ajo
25 g de ñoras
10 ml de vinagre de Jerez
vinagre de Módena (al gusto)
30 g de mantequilla en flor
25 ml de aceite de avellana tostada
1 cucharada sopera de aceite de oliva arbequina
sal
pimienta negra

Remojamos la ñora con un poco de agua. Cocemos al horno y escalivamos todas las verduras a 180 °C hasta que estén ligeramente asadas, cocidas y hayan perdido gran parte de su agua vegetativa. Los tomates los asamos directamente con sal y un chorrito de aceite; la cebolla igualmente aliñada, pero cubierta con papel de aluminio. Los ajos los cocemos igual que las cebollas, pero con mantequilla en vez de aceite y pelados. Cocinadas todas las verduras, las pelamos si es necesario y las pasamos por un robot de cocina hasta formar una pasta fina.

Por otro lado, tostamos los frutos secos y hacemos un praliné junto con el aceite de avellana. Dejamos enfriar el puré de verdura y el praliné y, una vez fríos, los trituramos con un túrmix hasta que queden bien finos. A continuación, los emulsionamos con aceite de oliva hasta conseguir la textura deseada. Rectificamos de sal y pimienta y añadimos aceite de avellanas tostadas y vinagre de Jerez y de Módena al gusto.

AGRADECIMIENTOS

Este libro no se podría haber escrito sin el trabajo, la constancia y el esfuerzo de todas aquellas personas que tan solo pretendían encender la lumbre y dar alimento. Va dedicado al esfuerzo, el tesón y el cariño de tantas y tantos cociner@s, profesionales o no, que decidieron hacer algo más, encontrar sensaciones nuevas, proponer caminos distintos, dejar un legado de sabores para los cercanos o los pasantes, escribir cultura para cada campanario o quizá crear algo que definiera la tierra que se nos ha legado.

Este libro va dedicado, claro está, a vuestras madres, a las mamás y mujeres que durante generaciones han alimentado estómagos y almas.

A la mamá de Martín, Joan, Ángel, David, Eneko, Toño, Quique, Sergio, Javier, Elena, Juan Mari y a las miles de mamás que os han dado vida y talento.

¡¡¡Viva la madre que os parió!!!

ÍNDICE
DE RECETAS

VEGETALES

LEGUMBRES Y CEREALES

PESCADOS

CARNES

POSTRES

RECETARIO BÁSICO

COCINA
COCINA
COCINA
COCINA

en CASA
en CASA
en CASA
en CASA

JORDI CRUZ
JORDI CRUZ
JORDI CRUZ
JORDI CRUZ

JORDI CRUZ
JORDI CRUZ
JORDI CRUZ
JORDI CRUZ

COCINA
COCINA
COCINA
COCINA

en CASA
en CASA
en CASA
en CASA